平水润瓯越 勤廉守初心

——温州治水历史人物勤廉故事精选

娄一青　许培新　赵忠伟◎主编

河海大学出版社
HOHAI UNIVERSITY PRESS
·南京·

图书在版编目(CIP)数据

平水润瓯越　勤廉守初心 ：温州治水历史人物勤廉故事精选 / 娄一青，许培新，赵忠伟主编. -- 南京 ：河海大学出版社，2025. 7. -- ISBN 978-7-5630-9785-2

Ⅰ. K826.16

中国国家版本馆 CIP 数据核字第 2025F6H839 号

书　　名　平水润瓯越　勤廉守初心——温州治水历史人物勤廉故事精选
书　　号　ISBN 978-7-5630-9785-2
责任编辑　金　怡
特约校对　张美勤
装帧设计　张育智　刘　冶
出版发行　河海大学出版社
地　　址　南京市西康路 1 号(邮编:210098)
电　　话　(025)83737852(总编室)　(025)83722833(营销部)
经　　销　江苏省新华发行集团有限公司
排　　版　南京布克文化发展有限公司
印　　刷　广东虎彩云印刷有限公司
开　　本　718 毫米×1000 毫米　1/16
印　　张　6
字　　数　89 千字
版　　次　2025 年 7 月第 1 版
印　　次　2025 年 7 月第 1 次印刷
定　　价　78.00 元

平水润瓯越　勤廉守初心
——温州治水历史人物勤廉故事精选
编　委　会

序

上善若水。

水是生命之源、生产之要、生态之基。温州是一座因水而生、因水而兴、因水而美的城市，是一座拥有 5 000 多年文明史、2 200 多年行政建制史、1 700 多年建城史的历史文化名城，积累了丰富的水文化遗产，其中就包括许多感人的治水故事，这些都是温州文化的瑰宝。

廉是立身之本、道德之魂、发展之源。党的十八大以来，以习近平同志为核心的党中央高度重视廉洁文化建设，将新时代廉洁文化建设作为推进全面从严治党向纵深发展的重要支撑，坚持从思想文化层面正本清源，用中华优秀传统文化涵养克己奉公、廉洁自守的精神境界。

水以清为贵，人以廉为尊。值此温州市深化“清廉温州”建设，打造勤廉并重的新时代清廉建设高地市域样板之际，温州设计控股集团有限公司下属温州市水利电力勘测设计院有限公司牵头编写《平水润瓯越　勤廉守初心——温州治水历史人物勤廉故事精选》，从治水和勤廉两个维度，挖掘梳理了 13 位历史人物的事迹并编印成册，旨在以历史人物为载体，融合温州治水文化和勤廉文化，弘扬守正创新、勤廉为民的社会风尚，助力“瓯越清风”廉洁文化品牌建设。

前言

温州古为瓯地，又称瓯越，是一座有着5 000多年文明史、2 200多年行政建制史和水利建设史、1 700多年建城史的悠悠古城。温州水利伴随着城市文明进程同步发展，自西汉东瓯王驺摇引导瓯人“启土俗化”、开辟农田水利以来，历朝历代都高度重视水利工作，涌现出了一批精心治水、勤廉爱民的好官员、好名士、好乡贤。他们以科学的治水理念、先进的治水技术、饱满的治水热情，带领民众因地制宜、因势利导“平治水利”，留下了一份份润泽瓯越、惠及古今的水利遗产；他们或锐意改革清廉吏治、不畏强权为民请命，或推行新政促进经济、潜心教育繁荣文化，或坚守岗位以身殉志、身先士卒保家卫国，留下了一个个以身作则、一心为民的勤廉故事；他们用自己的实际行动，完美地诠释了“忠诚、干净、担当，科学、求实、创新”的水利精神。

廉洁文化是中华优秀传统文化。党的十八大以来，以习近平同志为核心的党中央高度重视廉洁文化建设，2022年2月中共中央办公厅印发了《关于加强新时代廉洁文化建设的意见》，把加强廉洁文化建设作为一体推进“三不腐”的基础性工程抓紧抓实抓好。2022年，温州市出台《关于新时代廉洁文化建设的实施意见》，并于2023年提出“打造勤廉并重的新时代清廉建设高地市域样板”。

为进一步融合温州丰富的治水文化与勤廉文化，讲好温州水利勤廉故事，在温州市水利局、温州市河湖管理中心、温州市水利学会、温州设计控股集团有限公司、温州市水利电力勘测设计院有限公司等单位的指导、支持和帮助下，编写组基于温州市第一次水文化遗产调查成果，通过查阅水利史志、踏勘水利古迹、走访水利部门，挖掘梳理温州治水历史人物的勤廉故事。编写组从市县两级水利志以及飞云江、鳌江等流域志所记载的50余位治水历史人物中，筛选出13位相对典型的人物——既有朝廷官员也有民间乡贤，以历史评价为题，结合官方志书记载、民间传说等素材，从治水和勤廉两条主线入手梳理其事迹，力求以古鉴今。

本书在编写过程中，还得到了河海大学水利水电学院赵二峰教授的指导，在此表示感谢！

限于编者水平，本书肯定还存在许多缺点和不足，敬请批评指正！

娄一青

2025 年 2 月

目录

驺摇：
百代沾濡明盛治，
蛮烟瘴雨已全消。*

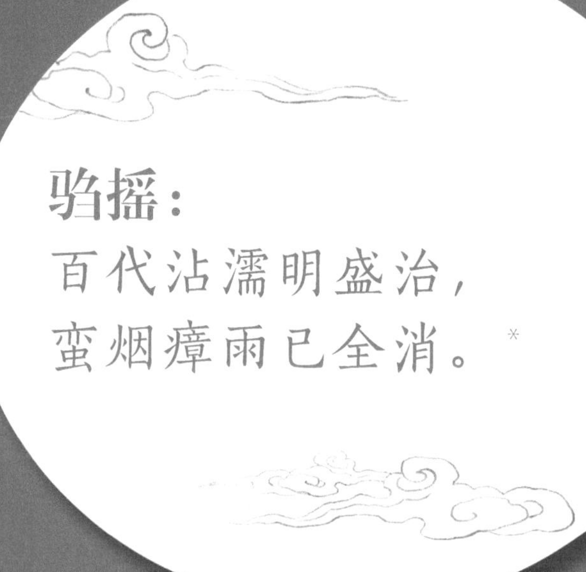

驺摇(约公元前 251—前 192 年)，号毋馀，越王勾践七世孙。汉惠帝三年(前 192 年)夏五月，因率众佐汉灭秦、破楚有功，受帝之赐，封东海王，定都东海前岸的东瓯之地，世称“东瓯王”。驺摇善于治理，勤于开发，被后人尊为“东瓯人文始祖”，《史记·东越列传》记有其业绩。

---

* 出自清·方鼎锐《竹枝词——东海王》。

肇辟蓁芜开水利

秦朝末年，驺摇率瓯人参加灭秦起义军，在楚汉战争中又率瓯越先民佐汉击楚，立下显赫战功。汉惠帝三年（前 192 年），汉王朝正式晋封驺摇为东海王，也称“东瓯王”。

东瓯王驺摇是温州历史上第一位被朝廷封王的首领，《史记·东越列传》中记述：“孝惠三年，举高帝时越功，曰闽君摇功多，其民便附，乃立摇为东海王，都东瓯，世俗号为东瓯王。”这也是正史首次对温州有明确的记载。

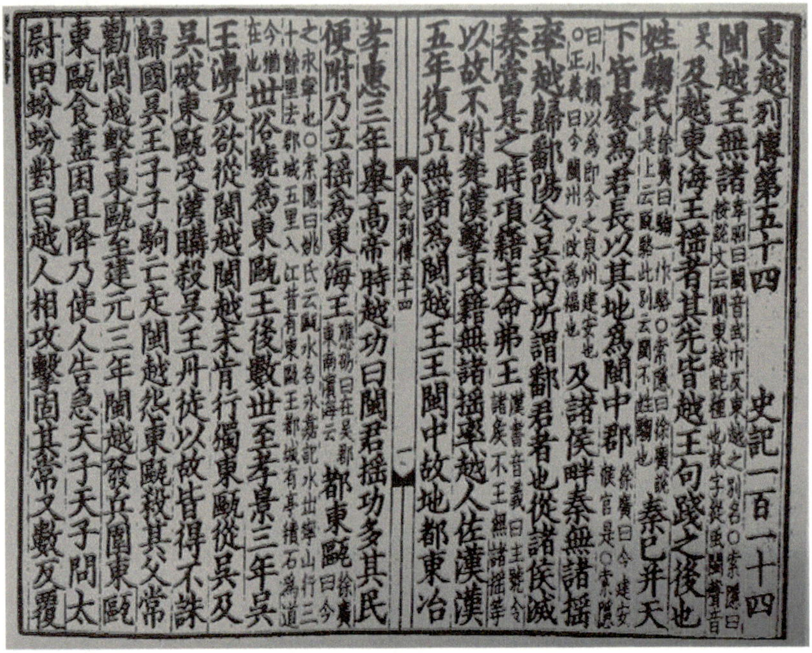
東越列傳第五十四　史記一百一十四
閩越王無諸韋昭曰閩音武巾反東越之別名○索隱曰按說文云閩東越蛇種也故字從虫閩音旻及越東海王搖者其先皆越王句踐之後也姓騶氏徐廣曰騶一作駱○索隱曰徐廣說是上云閩騶此別云閩不姓騶也秦已并天下皆廢為君長以其地為閩中郡徐廣曰今建安侯官是○索隱曰小顏以為即今之泉州建安也○正義曰今閩州又改為福也及諸侯畔秦無諸搖率越歸鄱陽令吳芮所謂鄱君者也從諸侯滅秦當是之時項籍主命弗王漢書音義曰主號令諸侯不王無諸搖等以故不附楚漢擊項籍無諸搖率越人佐漢漢五年復立無諸為閩越王王閩中故地都東冶
史記列傳五十四　一
孝惠三年舉高帝時越功曰閩君搖功多其民便附乃立搖為東海王應劭曰在吳郡東南濱海云都東甌徐廣曰今之永寧也○索隱曰姚氏云甌水名永嘉記水出永寧山行三十餘里去郡城五里入江昔有東甌王都城有亭積石為道今猶在也世俗號為東甌王後數世至孝景三年吳王濞反欲從閩越閩越未肯行獨東甌從吳及吳破東甌受漢購殺吳王丹徒以故皆得不誅歸國吳王子子駒亡走閩越怨東甌殺其父常勸閩越擊東甌至建元三年閩越發兵圍東甌東甌食盡困且降乃使人告急天子天子問太尉田蚡蚡對曰越人相攻擊固其常又數反覆

《史记·东越列传》关于东瓯王驺摇的记载

驺摇晋封东瓯王后，立志改变东瓯落后的状况。他把全部心思放在地方建设上，引导东瓯先民“启土俗化”，传授太湖地区农业生产技术，肇辟蓁芜，开辟农田水利，发展农业生产，开创温州水利文明曙光，为温州地区有史记载最早的水利建设。

此外，民间还流传着东瓯王“封门”的传说。随着农业的发展，东瓯人口激增，粮食需求飙升，为扩展生存空间，东瓯王带领东瓯先民实施了一项重大水利工程，由此彻底改变了温州地形格局，为温瑞平原的形成奠定了坚实基础。先秦时期，温州还是一片海湾，《山海经·海内南经》载“瓯居海中”，描述的就是当时的情景。到了西汉初期，黄龙山、翠微山下游逐渐淤积成一片古江心滩，将古瓯江分成南北两支，其中北支为如今的瓯江，南支从黄龙山与君子山之间入海。为了扩展生存空间，东瓯王组织人民对黄龙山和君子山之间的古瓯江南支进行封堵，后逐渐形成温瑞平原的雏形。时至今日，温州市鹿城区还保留着“丰(封)门”等地名。

秦汉之前时代(公元前221年)

秦汉时代(公元前221—公元220年)

古代温瑞平原变迁图

励精图治启文明

东瓯国疆域范围东至大海，西以今浙江龙泉市至福建浦城县之间的山脉为界，南与闽越国接壤，北与汉会稽郡交界，包括今台州、温州、丽水的绝大部分区域，并深入闽东北罗源、连江及闽西北浦城、建瓯等地。温州处于东瓯国中心位置，也是东瓯国都城所在地。东瓯国的建立，具有极其重要的意义。这是温州历史上第一个见之于记载的行政建制，为此后 2 000 多年温州行政区域建制的基础。

西汉初期东瓯地区——“瓯居海中”

作为当时的东瓯王，驺摇带领东瓯人对这片古老的土地进行耕种开发，耕地面积逐渐扩大，使生产活动得到了迅速发展。这一时期，东瓯人开始使用铁制的农具铲、耨和兵器矛等，正式进入了铁器时代，人们农耕渔猎，生活日益富足。驺摇在文化方面也进行了重大改革。在他的推动下，东瓯先民改变了过去“断发文身”、以蛇蛙鱼蛤等野味海鲜为食的原始生活习惯，这使得东瓯向文明社会发展进步。同时，他大力发展手工业，让温州在 2 200 年前就成了一个手工业的商贸城市，其海上交通贸易得到迅速发展，成为当时我国九个重要港口之一。

东瓯王驺摇对瓯越早期经济、文化开发作出了巨大贡献，被尊为“东瓯人文始祖”，世称他为“永嘉地主昭烈广泽王”。为纪念他的开辟之功，温州人民建庙纪念东瓯王，并形成每年农历三月初八拥东瓯王塑像巡游街市、驱灾祈福的民俗。

农历三月初八拥东瓯王塑像巡游祈福

东瓯王对温州社会文化的影响极其深远，历朝历代也以多种形式纪念其功绩。明代王叔杲在《重修汉东瓯王庙记》中记载："睹平成者思明德，享粒食者颂思文，王之功美域远矣。"《光绪永嘉县志》载清代林齐鋐诗："绩伟著百粤，七闽泽福祉。"清代方鼎锐《竹枝词——东海王》一诗写道："汉家封邑赐驺摇，山海包罗擅沃饶。百代沾濡明盛治，蛮烟瘴雨已全消。"

如今的温州市区，仍保存有多处纪念东瓯王的遗迹，其中最为重要的便是华盖山麓东瓯王庙和瓯浦垟东瓯王墓。在东瓯王庙有两副青石联柱："报雠雪耻，地辟瓯邦，茅土分封崇祖国；震古烁今，灵昭华盖，城池巩固赖神功。""画野分疆，瓯脱江山开辟早；务农兴业，海隅民物阜康初。"庙中有清末翰林余朝绅所撰楹联："汉廷异姓封王，禹后果然明德远；瓯海生民初祖，越亡长此世家存。"

《史记·东越列传》第五十四

闽越王无诸及越东海王摇者，其先皆越王勾践之后也，姓驺氏。秦已并天下，皆废为君长，以其地为闽中郡。及诸侯畔(叛)秦，无诸、摇率越归鄱阳令吴芮，所谓鄱君者也，从诸侯灭秦。当是之时，项籍主命，弗王，以故不附楚。汉击项籍，无诸、摇率越人佐汉。汉五年，复立无诸为闽越王，王闽中故地，都东冶。孝惠三年，举高帝时越功，曰闽君摇功多，其民便附，乃立摇为东海王，都东瓯，世俗号为东瓯王。

东瓯王庙老门台（华盖里）

东瓯王庙（东瓯国历史陈列馆）

东瓯王墓(瓯浦垟)

参考文献

[1] 李民涌."闽越击南越"辩析[J].福建文博,2011(04):65-70.

[2] 周运中.西汉东瓯、闽越内迁对比研究[J].地方文化研究,2013(02):11-16.

[3] 晁成林.闽越族早期的族群特征与文化[J].吉首大学学报(社会科学版),2012,33(05):41-48.

[4] 蔡钢铁.温州民间的东瓯王信仰[J].温州职业技术学院学报,2013,13(02):13-16.

[5] 张立新.瓯人与东瓯国[M].杭州:浙江人民出版社,2013.

周凯：

眼不见水惟见民，冲涛直入勇绝伦。*

周凯（约 261—300 年），字公武，晋代横阳松山（今苍南桥墩）人。西晋末期，周凯拒绝举荐为官，而返回临海郡，带领百姓修筑堤防，治理洪涝灾害，相传其“随其地形，凿壅塞而疏导，遂使三江东注于海。水性既顺，潮汐有节，境土始辟，生齿日盛”。西晋永康元年（300 年），周凯在一次抗击飓风恶潮中英勇牺牲，后世称其为“平水王”。周凯为温州古代治水第一人，有“东瓯大禹”之称。

* 出自明 · 宋濂《温州横山仁济庙碑》。

主动请缨治江河

西晋时期，临海郡治下永宁（今温州市区等地）、安固（今瑞安等地）、横阳（今平阳、苍南等地）三邑，靠山临海，由于缺乏水利工程屏障，蓄不住水，挡不住潮，常干旱又常洪涝，强潮涨落，侵蚀陆域，海滨平原不能耕作，加之夏秋两季台风灾害频繁，当地文明落后、民生维艰。

西晋太熙元年（290 年），从帝都洛阳游历归来的周凯，面对家乡贫穷落后的现状，对比帝都的繁花似锦，领悟到只有让居住在山上的人民搬迁到平原聚居，才能促进经济文化发展。于是，周凯到各处实地勘察，结合在洛阳游历期间观摩黄河治理而得的治水知识，向邑长提出上疏众流、下御潮卤，治理开拓沿海平原的建议，最终得到采纳。

同时，周凯主动请缨，在邑长的支持下，率领古温州各地民众，充分考虑御潮、排涝、抗旱、越浪以及交通航运等诸多需要，连接海岸“散塘”，构筑抵御海潮侵蚀的统一屏障；取土筑塘，形成温瑞、瑞平等塘河，引导洪峰涝水，排泄永宁、安固、横阳三江（今瓯江、飞云江、鳌江），最终注向东海。

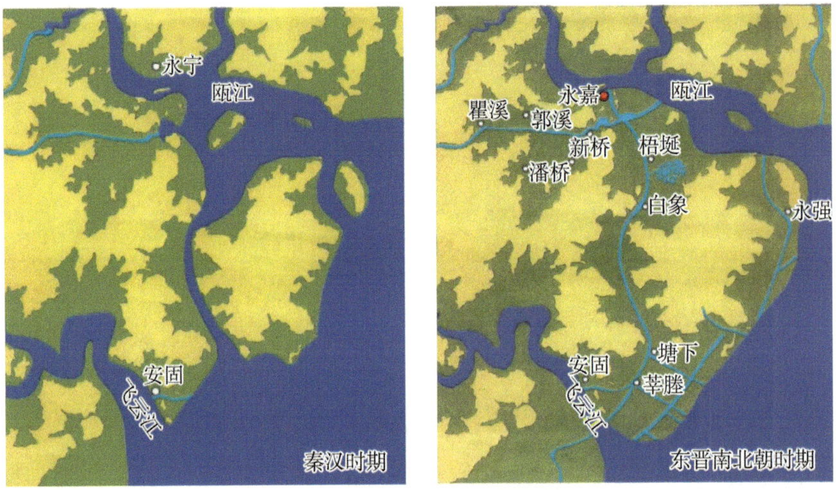

西晋周凯治水前后温州沿海水系变迁图

周凯治水历时十年，一举奠定了瓯江、飞云江、鳌江三大江以及温瑞、瑞平两大平原水系格局，使得水患灾害得以缓解，海涂岸线得以稳固，内河航运得以发展，温州沿海平原由此成为人类宜居的地方。周凯采用了“塘”“河”组合的先进御潮技术，在东南沿海地区得到广泛推广并一直沿用至今，这是温州古代治水史上的一次重大跨越。

心系苍生勇平水

周凯家境贫寒，年轻时躬耕以养父母。他身材魁梧，文武双全，擅长击剑，能左右射箭。西晋太康十年（289 年），周凯会同陆机兄弟远赴洛阳游学，投入太常张华门下，寻求施展才华的机遇。其时，帝都洛阳历经“太康之治”，已然经济繁华、人文鼎盛。三张、二陆、两潘、一左等金谷二十四友常常聚会，谈经论道，周凯融入其中。同时，因为洛阳地处黄河之畔，为黄泛之地，朝廷组织大规模黄河治理，周凯潜心观摩学习，获得了大量的治水知识。在这样的环境熏陶下，周凯对家乡水患治理有了更多的思考。

太熙元年（290 年），惠帝登基，然因智力障碍而不能任事，皇后贾南风强悍篡权。周凯目睹宫廷内斗、派系纷争，逐渐失去了在政治上施展才华的信心，但却坚定了他建设家乡的信念。虽然张华爱才，举荐周凯、陆机等人为官，但周凯惦记家乡苦难，于是婉言谢绝张华好意，告别洛阳众友，毅然返回家乡，制定治水方案，并主动请缨，带领民众治水，历经十年大功告成。

永康元年（300 年），一场台风袭击古温州沿海，“三江逆流，飓风挟怒潮为孽，邑将陆沈，民咸惧为鱼”。面对来势凶猛的风暴潮，周凯不顾个人安危，奋勇当先，率领民众防汛抗洪，与“飓风海溢”搏击，不幸被洪水卷走，以身殉志。邑长思其德，遂建“横山周公庙”在城之西郊，俗称“平水王庙”，“岁二月一日致祭”。

周凯平治水土，御灾捍患，治理开拓古温州沿海平原，为东晋温州置郡奠定地理基础，更在危急关头力挽狂澜，奋勇献身，展现出“勇

温州治水文化长廊《周凯射潮》浮雕

立潮头、敢为人先”的担当和气概。千百年来，周凯平水的故事在浙南闽北地区广为流传。历代封建王朝弘扬周凯治水精神，唐朝封其为“平水显应公”，宋朝赐“通天护国仁济”庙额，元朝进封“太和冲圣帝”，明朝洪武初诏定为“横山周公”，清朝诏定“横山周公之神”，历代温州郡守修庙奉祀。明代宋濂撰写祭歌，描述周凯抗台救灾英勇献身的场景：“一旦飓母号秋旻，江流逆上波插云。城庐沉溺在逡巡，凯知事急救如焚。眼不见水惟见民，冲涛直入勇绝伦。”

目前，温州市区平水观、仁济观等供奉的主神都是平水圣王，其中仁济观大殿有一副楹联：“挟弓矢以除孽潮，四国坚城长击铎，舍身家而平逆水，万年环海不扬波。”其充分体现了平水王周凯治水的功

苍南桥墩松山“平水神穴”文化遗址

德。苍南县在周凯的故乡桥墩建设了周凯纪念馆，将横阳支江沿线融入周凯"平水文化"，打造"百里平水公园"，保护和修缮周凯古墓遗址——松山"平水神穴"，并组织"祭水节·平水王庆诞祈福"民俗活动等，弘扬周凯治水精神。周凯淡泊名利、心系苍生的精神和事迹在温州这片土地上代代相传。

温州市苍南县桥墩周凯纪念馆

温州横山仁济庙碑

明·宋濂

记礼者曰："能御大菑则祀之能捍大患则祀之。"先王之制，非惟崇德报功以垂劝于方来，亦所以达幽明之故而察鬼神之情状。盖受气之刚大者，决不随物澌尽，其能警动威灵以锡羡万民，乃其理之所有。学者多疑于鬼神，遽绝谓无之，夫岂可哉！有若横山庙神之事，其明效可覩已。

神讳凯，字公武，姓周氏，世居临海郡之横阳。生而雄伟，身长八尺余，发垂至地，善击剑，能左右射，博文而强记，家虽贫，躬耕以养父母。及司马氏平吴，与陆机兄弟入洛，张华荐之。神知晋室将乱，独辞不就。时临海属邑曰永宁、曰安固、曰横阳，地皆濒海。海水沸腾，蛇龙杂居之，民罹其毒。神还自洛，既顺其土作。又永康中，三江逆流，飓风挟怒潮为孽，邑将陆沈，民咸惧为鱼。神奋然曰："吾将以身平之。"即援弓发矢，大呼冲潮而入。水忽裂开，电光中见神乘白龙东去，但闻海门有声如雷，而神莫知所在矣。俄而水势平，江祸乃绝。邑长思其功，号其里曰"平水"，且建祠尸祝之。祠初在城之西郊，及更永宁为永嘉郡，郭璞相土迁之于西洋。遐迩徼灵者无虚日，神功益用赫著。

陈至德间，闽寇章大宝侵分水岭，其气势张甚，民争遁逃。神见天兵于云间，戈甲耀日，盗惊而溃。唐武德中，辅公佑为乱，其党入寇，民依华盖山筑城而拒守之。时当严冬，神降大雨雹，寇弗敢近，城因得不陷。天宝中，河决澶州，怒暴不可制。神见黄旗惊涛间，河复故道。光化末，天台大饥，神化形为商，载米贷人；已而投杖于江，变为赤龙骑而升天。宋景德初，契丹同其母萧氏南侵；丞相寇准、殿前指挥使高琼奉真宗亲征，车驾过河，幸北城，天际见力士数万，旌旗上髣髴有"平水王"字，虏惧，请盟而退。大中祥符初，诏营玉清昭应宫，取材于温之乐成，使者以重山不可致，走祷于神。忽风霆凌厉，龙湫荡，巨石皆起立，大木斯拔，蔽江流而下。神之灵异，或见诸纪载，或相传父老之口，如此者盖不一而足，今则粗举其概而已。

神初封于唐，为"平水显应公"。寻升王爵，赐衮冕赤舄。宋累加"通天""护国""仁济"之号，从祀郊坛，兼赐"仁济"以为庙额。元复加"威惠"，进号"太和冲圣帝"，遂易庙为宫。逮入国朝，壹以诚事神，以为数加溢美之辞，非所以敬恭明神，诏礼官定议为"横山周公之神"，至于庙宇之建修，皆郡守任其责。可考见者自陈毛喜逮元左答纳失里凡一十三人云。

昔者，大禹当洪水横流之时，随山刊木，奠高山大川，民始得平土而居。千载之下，覩河洛者，必思禹功而勿忘。天衷民彝，其不可泯也如此。若神之为，悯生民之昏垫，奋身而兴，捍患御灾。蚩蚩之氓得遂桑土既蠶而不混为鱼鳖者，果谁之力与夫？禹之功在天下，神之泽则被乎一州，虽有小大之殊，其惠利万民之心则一而已。庙而祝之，诚合先王制礼之义，孰谓非宜？州人士永嘉教谕许士宏、训导张升，恐无以示来者，介乡友，秦王府纪善林君温征濂文勒诸乐石。濂既为序其事，复作歌一篇，使邦人歌以祀神。

其佐神张铉，字子元，郡人，宋右科进士，仕至门宣赞舍人，刚烈正直。尝上疏言事，忤史嵩之，被斥而殁。既殁而显灵，太守吴泳因并祠之，法当附书文中。歌曰：

东瓯之地，大海滨止。斥卤喷蚀，成荒堙止。有时鱼龙，或怒嗔止。蹴翻巨浪，高嶙峋止。怀襄势殷，莽无垠止。惟神我悯，眉蹙颦止。帅众疏凿，不惮勤止。夜役阴兵，直达晨止。三江顺流，若拖绅止。尽化鱼鳖，为衣巾止。一旦飓母，号秋旻止。江流逆上，波插云止。城庐沈溺，在逡巡止。神知事急，如救焚止。变弓注矢，肯顾身止。眼不见水，惟见民止。冲涛直入，勇绝伦止。海水壁立，左右分止。赤电飞射，光相燉止。神乘白龙，赴海门止。虩虩似听，惊雷奔止。水祸顿弭，神具欣止。有室可居，田可耘止。佥言曷以，酬大勋止。有庙肇祀，西洋能止。浙周吴越，洎七闽止。神功弥盛，海宇闻止。天兵建队，向空暾止。旌旗上著，鸟篆文止。虏气詟尽，去解屯止。况兹狗鼠，视欲吞止。河道湍复，流沄沄止。投杖化龙，灵迹存止。疏封直至，帝王尊止。冕旒衮衣，佩者璘止。神之正气，塞乾坤止。下止日月，摩星辰止。元化泐穆，合神人止。瓯民戴神，忱且恂止。遐迩奔凑，川之臻止。如见灵旗，降缤纷止。牲牷肥腯，酒苾芬止。驱斥厉鬼，黍稌蕃止。太史造文，勒坚珉止。后千百载，期无谖止。

宋濂（1310—1381年），初名寿，字景濂，号潜溪，别号龙门子、玄真遁叟等，祖籍金华潜溪（今浙江义乌），后迁居金华浦江（今浙江浦江）。元末明初著名政治家、文学家、史学家、思想家，与高启、刘基并称为“明初诗文三大家”，又与章溢、刘基、叶琛并称为“浙东四先生”，被明太祖朱元璋誉为“开国文臣之首”，学者称其为“宋龙门”。

参考文献

[1] 黄丹丹. 温州民间信仰道教化研究[D]. 温州：温州大学，2022.

[2] 单国方. 塘河与平水王周凯[J]. 温州科技职业学院学报，2015(04)：7-9+12.

[3] 吴松弟. 温州沿海平原的成陆过程和主要海塘、塘河的形成[J]. 中国历史地理论丛，2007，22(02)：5-13.

[4] 周宏德. 浙水遗韵·平水温州[M]. 杭州：杭州出版社，2022.

注：《温州横山仁济庙碑》引自《浙水遗韵·平水温州》。

郭璞：
昔贤登步立神州，
气象千年始一浮。*

郭璞(276—324年)，字景纯，河东郡闻喜县(今山西省闻喜县)人，东晋时期著名学者，文学家、训诂学家、道学术数大师，以"游仙诗"名重当世，为游仙诗祖师，更被称为中国风水学鼻祖，其所著《葬经》(亦称《葬书》)是中国风水文化之宗。东晋太宁元年(323年)，永嘉置郡，郭璞受邀规划郡城选址和布局，建成独特的山水斗城，被视为中国古代堪舆学运用的典范。

* 出自唐·张又新《郭公山》。

依山傍水建斗城

东晋太宁元年(323 年),永嘉设郡,下辖永宁、安固、横阳、松阳四县。拟建郡城之时,正巧堪舆大师郭璞因避乱客居温州,地方官员得知后便请他一同谋定永嘉郡城选址与修建布局。郡城选址初拟在瓯江北岸,明嘉靖《温州府志》载:“初谋城于江北,郭璞取土称之,土轻,乃过江登西北一峰(即今郭公山),见数峰错立,状如北斗,……”这九座山不仅有北斗七星之势,更构成了张弛有度的九星格局;同时,郭璞发现瓯江南岸地质条件优于北岸,于是规划北据瓯江,东西依山,南面临河,兴建郡城。现代地勘数据表明,瓯江北岸的土壤为流水冲刷沉积下来的涂泥,而南岸的土壤则是山区冲刷沉积的沙砾土,承载力比江北要强,这印证了 1 700 多年前郭璞的远见卓识。

温州古城舆图

选定城址后，郭璞依据地理与天象的布局，取“依江、负山、通水”之则，为永嘉郡城建造定下“连五斗之山、通五行之水、凿二十八宿井”的规制蓝图。郭璞认为，“城绕山外，当聚富盛，然不免兵戈水火；建城于山，则寇不入斗，可长保安逸”。于是以城墙连接郭公山、松台山、积谷山、华盖山、海坛山，跨山筑斗城，“因城于山，号斗城，时有白鹿衔花之瑞，又号鹿城”。这便是鹿城区名的由来。

温州北斗九山图

郭璞在城内开挖东伏龟、西浣纱、南雁池、北潦波、中冰壶等五潭，并开凿小河串通连贯，利用五潭调蓄、河网贯通，将西南之水引入城中、将城内涝水排入瓯江，达到“遇潦不溢，逢旱不涸”的效果，使温州古城成为“水如棋局分街陌，山似屏帏绕画楼”的水城。

温州古城河网图

伏龟潭

浣纱池

此外，郭璞认为“天有二十八星宿，地有二十八口水井”。于是，按照天上星座的相应位置，在温州古城依山构凿了二十八口水井，以应天上二十八星宿，有郡城天长地久、水源不断之兆，又可解决居民用水和适应战时需要。据考证，二十八星宿井分别为铁栏井、县前头古井、东门内角井（解井）、康乐坊井（双墙井）、小简巷井（简讼井）、天宁寺古井、永宁坊井、松台山下八角井（八卦井）、海坛山山下井、三牌坊古井、桂井、屯前街古井、三港殿古井、华盖山炼丹井、奎壁井、八轮井、天宿井、仙人井、义井、金沙井、甜井、府署古井、道署古井、郭公山下岩石井、白鹿庵古井、积谷山下冽井、应仙井和施水寮古井。

古城二十八星宿井分布图

府署古井

郭公山下岩石井

诗辞风水开先河

《晋书·郭璞传》记载："璞好经术，博学有高才，而讷于言论，词赋为中兴之冠。好古文奇字，妙于阴阳算历。"

郭璞长于赋文，曾注释《周易》、《山海经》、《葬经》、《穆天子传》、《方言》和《楚辞》等古籍，注解《山海经·海内南经》"瓯居海中"为"今临海永宁县，即东瓯，在岐海中"。郭璞花了18年时间研究和注解《尔雅》，使《尔雅》成为历代研究本草学知识不可或缺的权威典籍，其在动、植物分类领域开创先河，创立了直观的图示分类体系，为唐代以后的所有大型本草著作广泛采纳并沿用至今。

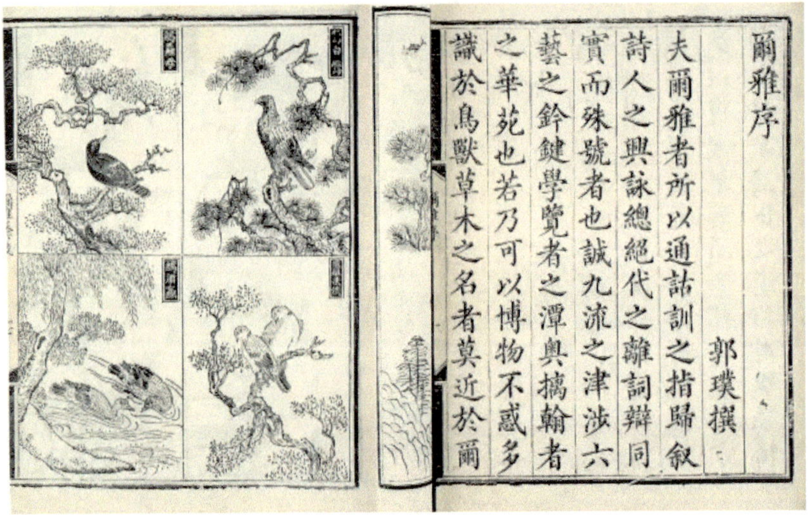

郭璞注解《尔雅》

郭璞在文学上有深厚的造诣，被后世尊为文学大师和语言学巨匠，在诗歌史上是发展游仙诗的功臣元勋。郭璞的游仙诗一改内容空洞、形式呆板的玄言诗风，富有慷慨之气和艳逸之彩，《诗品》赞其游仙诗为"始变永嘉平淡之体，故称中兴第一"。郭璞一生笔耕不辍，其诗文创作总量逾百卷，累计数十万言，其文笔绚烂多彩，意境宏阔深远，通过对神仙境界的追求表现忧生避祸的心情。

郭璞是中国风水学鼻祖，其所著《葬经》，亦称《葬书》，对风水及其重要性做了论述，是中国风水文化之宗。由郭璞规划建设的温州郡城，历经1 700余年兴盛依旧，被网络媒体评为中国“风水”最好的城市之一。

郭璞集堪舆学家、文学家、语言学家于一身，以其学术造诣和堪舆学实践，为永嘉郡城设计了独特的风水构局，奠定了温州千年以来独特的山水斗城的城建格局，也对温州数千年的文化发展历程影响深远。谢灵运作为山水诗的先驱，在担任永嘉郡太守时，也从郭璞的游仙诗中汲取灵感进行创作，这些作品让温州成为中国山水诗的摇篮，进一步增添了温州山水斗城的文化底蕴。到了明代，刘基继续沿着郭璞的足迹前行，他延续了其在游仙诗方面的创作精神，且在堪舆学领域传承和光大了郭璞的学说。

后人为纪念郭璞卜城绘筑的功绩，将他堪舆时登上的山峰称为“郭公山”，这也是温州古城九山中唯一以人名命名的山，从东晋建城开始，郭公山便是历代名人登临怀古必至之处。唐代张又新《郭公山》诗云：“昔贤登步立神州，气象千年始一浮。南望群峰如列宿，北观江水似龙虬。”

参考文献

[1] 吴龙灿，卜菲，王钎窈，等. 郭璞与温州千年斗城[J]. 文史天地，2023(08)：17-24.
[2] 连镇标. 郭璞研究[M]. 上海：上海三联书店，2002.
[3] 曹琳. 郭璞的《诗》学面貌及成因——以其诗文引《诗》用《诗》为中心的考察[J]. 国际儒学(中英文)，2023，3(02)：131-143+190.
[4] 卢礼阳. 温州山水诗选[M]. 上海：上海书画出版社，2006.
[5] 汤章虹，林城银. 斗转星移话温州——温州古城“象数”现象探微[J]. 城建档案，2011(01)：16-20.
[6] 温州市水利志编纂委员会. 温州市水利志[M]. 北京：中华书局，1998.

路应：

界中堤岸权舆日，
重忆元和路使君。*

路应（745—811年），字从众，唐代京兆三原（今陕西三原）人。父路嗣恭，官至兵部尚书，进封冀国公。路应初任侍御史著作郎，贞元年间历任虔州、温州、庐州刺史，后入朝担任职方郎中、佐盐铁使，后改任常州刺史、宣歙池观察使，并进封为襄阳郡王、左散骑常侍等。他的生平事迹见于《新唐书》本传。

---

* 出自清·张綦毋诗集《船屯渔唱》。

筑堤疏河得腴田

中唐贞元六年(790 年),是路应来温州担任刺史的第一年。来温伊始,他将深入温州各属县探查民情风俗、考察当地农田水利当作首要的工作去做。而在这些方面的治理上,路应积累了相对丰富的经验。在江西虔州(今江西赣州)任职时,他疏通河流、消除水患,加固当地城垣,即“凿滩石、平赣梗;陶甓而城,罢人屡筑”。在减轻百姓负担方面,路应也做得很不错,还因此受到朝廷表彰而升迁。

路应在考察中发现,当时的乐成(乐清)、横阳(平阳)两县因水利工程失修失管而造成水患严重,即“久废河防多水患”。于是他组织民众疏浚河道,修筑堤堰,兴修水利,围垦农田,即“命令乐成、横阳二县民众,筑堤于二县界中”“二邑由是得腴田,除水害”“劣田成为上田”,以上举措不仅有效减轻了自然灾害,而且使农田连年丰收,百姓额手相庆。

路应在温州任期不长,约在两年后离任他就。但他在温州兴修水利取得的成果,到后世还常有人记起。如清代平阳诗人张綦毋在诗集《船屯渔唱》中写道:“朝夕洪涛出海门,石犀那复记潮痕。界中堤岸权舆日,重忆元和路使君。”

横阳古西塘

廉政爱民为良吏

路应廉政爱民，造腴田、除水害，做了不少有益民生的实事，是当朝有名的良吏。路应出任地方官，每逢水旱灾年，自有救灾办法，他将仓库粮食借给灾民，岁熟收回，常有盈利。他在温州等地方执政，深入现场调研，减轻百姓负担，人民不愁病饥，而官府仓库粮食愈储愈多。

路应在军事上也有着突出的才能。唐德宗时，他由宰相李泌荐举，加检校屯田郎中。路应担任宣歙观察使期间，李锜（唐宗室淮安王李神通的后代）叛乱，路应发乡兵救助湖、常二州，协助朝廷打退了作乱的李锜。

路应对温州有着很深的感情，他至今仅存的两首诗，分别为《游南雁荡》《仙岩四瀑布即事寄上秘书包监侍郎七兄吏部李侍郎》，写的都是温州山水，其中《游南雁荡》一诗是最早赞颂南雁荡美丽风光的诗篇。

游南雁荡

唐・路应

雁荡峰高岂易梯，筇鞋极处与天齐。
蟾宫隐隐步将到，日驾亭亭手可提。
织女支机堪索石，仙翁花雨不沾泥。
诗怀到此清如许，欲向银河蘸笔题。

唐贞元七年（791 年）的阳春三月，路应带领属地文人雅士，重走谢灵运诗路，举办了一场“仙岩瀑布和诗”活动。路应、李缜、戴公怀、孟翔四人各展才情，相互酬和，成诗四章，分别被寄赠给当时的吏部侍郎李纾、处州（丽水）谏议齐抗、明州（宁波）李岑、婺州（金华）刺史赵中丞等人，一时之间，风雅之声自东瓯逸出，远播至长安皇城，引起朝野瞩目。诗歌研究专家认为，这是中唐温州地区“较有影响”的一次诗歌雅集，后人认为“这组唱和诗更重要的意义，是显示唐代温州郡内存在着具有诗歌创作能力的一个群体”。

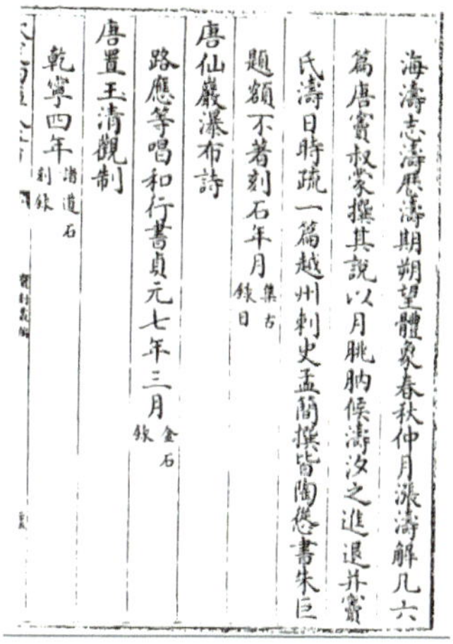

海濤志濤歷濤期朔望體象春秋仲月漲濤解几六
篇唐竇叔蒙撰其說以月朓朒候濤汐之進退并竇
氏濤日時疏一篇越州刺史孟簡撰皆陶懋書朱巨
題額不著刻石年月集古録目
唐仙巖瀑布詩
路應等唱和行書貞元七年三月金石録
唐置玉清觀制
乾寧四年潛道石刻錄

仙岩梅雨潭

仙岩四瀑布即事寄上秘书包监侍郎七兄吏部李侍郎

唐·路应

绝境久蒙蔽，芟萝方迨兹。樵苏尚未及，冠冕谁能知。
缘崖开径小，架木度空危。水激千雷发，珠联万贯垂。
阴晴状非一，昏旦势多奇。井识轩辕迹，坛余汉武基。
猿声响深洞，岩影倒澄池。想像虬龙去，依稀羽客随。
玩奇目岂倦，寻异神忘疲。干云松作盖，积翠薜成帷。
含意攀丹桂，凝情顾紫芝。芸香蔼芳气，冰镜彻圆规。
胥念沧波远，徒怀魏阙期。征黄应计日，莫鄙北山移。

唐元和六年(811 年)九月望，路应因病去世，年六十七，其一生勤勉为政，深得民心。唐宋八大家之首的韩愈特撰《唐银青光禄大夫守左散骑常侍致仕上柱国襄阳郡王平阳路公神道碑铭》一文，以镌刻其不朽功勋，文中所述“公之为州，逢水旱，喜贱出与人；岁熟，以其得收，常有盈利；故在所人不病饥，而官府畜积”。“诏嗣冀封，又加尚书屯田郎中，进服色，遂临于温，筑堤岳城、横阳界中，二邑得上田，除水害”。路应以勤政爱民诠释了为官一任、造福一方的崇高理念，其功绩永载史册，为后人所铭记。

唐银青光禄大夫守左散骑常侍致仕上柱国襄阳郡王平阳路公神道碑铭

唐·韩愈

惟路氏远有代序，自隋尚书兵部侍郎讳衮，四代而至冀公。冀公讳嗣恭，以小邑萧关令发闻，开元受赐更名，书于太史。治行灵州，终功南邦，享有丕祉，绍开厥家。官至兵部尚书，封冀国公，薨赠尚书右仆射司空。

公讳应，字从众，冀公之嫡子。用大臣子谨饬擢至侍御史、著作郎。选刺虔州，割余雩都，作县安远，以利人属。凿败滩石，以平赣梗。陶甓而城，罢人屡筑。诏嗣冀封，又加尚书屯田郎中，进服色，遂临于温，筑堤岳城、横阳界中，二邑得上田，除水害。拜尚书兵部郎中兼御史中丞、淮南军司马；改刺庐州，又甓其城，人不岁苦。入为尚书职方郎中，兼御史中丞，佐盐铁使。使江东有功，用半岁历常州迁至宣歙池观察使，进封襄阳郡王。至则出仓米，下其估半，以廪饿人。蜀辟诛，行军千五百人于蜀。李锜将反，以闻，置乡兵万二千人；锜反，命将期以卒救湖常，坐牢江东心。锜以无助败缚。作响山亭，营军于左右，权丞相善之，镵其说响山石。居宣五年，以疾去位，校其仓得石者五十万余，府得钱千者八十万。公之为州，逢水旱，喜贱出与人；岁熟，以其得收，常有赢利；故在所人不病饥，而官府畜积。

元和六年，天子悯公疾，不可烦以职，即其处拜左散骑常侍，以其禄居。其岁九月望，薨于东都正平里第，年六十七。明年，葬京兆万年少陵原；夫人荥阳郑氏祔。既，其子临汉县男贯与其弟赏贞谋曰："宜有刻也。"告于叔父御史大夫鄜坊丹延观察使恕，因其族弟进士群以来请铭，遂以其事铭曰：

冀公之封，维艰就功；襄阳继大，启庆自躬。于虔洎温，厥绪既作；以及职方，遂都邦伯。朝夕人事，下完上实；师于其乡，邻寇逼屈。营军响山，墙屋修施；褒功刻表，丞相之辞。受代而家，叙疏及迩；病不能廷，食禄卒齿。凡代大家，维难其保；既显既愿，戒于终咎。伊我襄阳，克慎以有；延畀后承，莫不率守。有墓于原，维树在经；以告无期，博士是铭。

参考文献

[1] 徐海容. 唐代碑志中的盛世图景和书写策略[J]. 唐都学刊，2021，37(05)：18-23.

[2] 温州市测绘志编纂委员会. 温州市测绘志[M]. 上海：上海三联书店，2019.

韦庸：凿湖水利复，筑堰水则稽。※

韦庸（生卒年不详），山东兖州人，唐会昌年间（841—846 年）为温州刺史，其间率领瓯越先民，倡疏会昌湖，导西南诸山之水，北排瓯江，南入瑞安，既解决城区水患，又利于农田灌溉，在温瑞塘河历史上留下了浓重的一笔。

※出自清·丁立诚《永嘉三百咏——韦公堤》。

凿湖筑堤兴水利

会昌湖起于汉晋间，历史悠久，原称永宁湖，在鹿城西南五里，为古城西南河流总称。清光绪《永嘉县志》记载："城外河道，以会昌湖（即永宁湖）为总汇，源出十八都瞿溪、郭溪、雄溪诸山。"其湖近城西者曰西湖，在城南者曰南湖，两湖合称为会昌湖。瞿溪、雄溪、郭溪合称"三溪"，流域广袤，逾七十平方公里流域面积的来水在此汇集，受其来水入境影响，城区水患频发。《方舆纪要》第九十四卷《温州府·永嘉县》记载，会昌湖"受三溪之水，浸漫城旁。起于汉、晋间，至唐会昌四年太守韦庸重浚治之，因名"。

唐会昌年间（841—846 年），温州刺史韦庸"每以利民为念"，率领瓯越先民治理郡西南水患，将瞿溪、雄溪、郭溪三溪之水汇通于湖，再

韦公堤遗址

开凿通江排洪河道(今勤奋河等)引洪入瓯江，并在来福门外筑堤堰，支分派合，使诸山之水经温州城西南通瑞安境的帆游与瑞安段河道相接，直通瑞安城。韦庸勤政廉明、躬身督役，历经四载春秋治水修坝，终于建成绵延十里的湖堤，在有效地治理水患的同时，也改善了周边的生态环境，为百姓带来了安宁与福祉。

韦庸此举，开启了温瑞塘河的最初形态，开拓了三溪河网工程，实现旱涝兼治，达到防洪、灌溉、交通水运的多重效益，促进了沿河一带的繁荣与发展。据记载，南宋时期此处湖畔绿柳依依，湖面荷香袭人，有“荷花十里香”之誉。其景致之美，不输西湖苏堤；游人如织，为赏景之佳所。百姓为纪念韦庸治水功绩，将湘命名为会昌湖，堤为韦公堤。清代丁立诚的《永嘉三百咏》有诗称：“凿湖水利复，筑堰水则稽。政成水就下，人号韦公堤。”

会昌湖

勤政廉洁惠民生

塘河治理和堤坝工程的建设，不仅解决了温州城乡防洪和供水问题，也显著改善了城郊农田灌溉和排水条件。在此基础上，韦庸注重修建道路、桥梁等基础设施，并积极推广农业技术，鼓励百姓开垦荒地，使得农业产量得到提高，百姓生活逐渐富裕。

韦庸在任期间，重视文化教育事业，积极修缮官学，提倡儒家文化，促进了地方教育的发展；同时他以“宽政惠民”为施政核心，注重以德化民，减轻赋税徭役，使社会秩序趋于稳定，百姓得以安居乐业。

韦庸廉洁自律，不仅个人生活简朴，杜绝铺张浪费，而且简化行政流程、节约官署开支，并将节省的经费用于水利、教育等事业；他不畏强权，注重以法律维护公平，公正断案，维护普通民众权益。

宋代《太平寰宇记》称韦庸“治温有方，民赖其德”，明代《温州府志》评价他“不尚虚饰，务求实效”“明察秋毫，不避权贵”“勤政廉明，惠泽一方”，深受温州历代民众爱戴。

参考文献

[1] 王兴文. 历史融会现实：温瑞塘河与“五水共治”[J]. 温州职业技术学院学报，2017，17(03)：7-11.

[2] 吴庆洲. 斗城与水城——古温州城选址规划探微[J]. 城市规划，2005，29(02)：66-69.

[3] 汤章虹，林城银. 古城温州为“龟城”[J]. 城建档案，2010(02)：17-22.

[4] 温州市水利志编纂委员会. 温州市水利志[M]. 北京：中华书局，1998.

龚欧涛：

赫赫丰功光史册，
巍巍浩气壮山河。*

龚欧涛（806—860 年），讳炳，字虎文，江苏山阳人，幼以聪颖好学、能力出众著称，据传其文武兼备。唐武宗会昌三年（843 年）任温州郡将，在任期间龚欧涛治水、平乱，功绩显著，为缅怀其功绩，百姓立“将军庙”为其奉祀，并将庙前桥梁更名为“将军桥”以作纪念。

---

* 出自温州市瓯海区将军庙楹联。

事必躬亲治水患

唐会昌年间(841—846年),永嘉县城西南三溪(瞿溪、郭溪、雄溪)之水入境,水患频发,良田被淹,百姓生活苦不堪言;刺史韦庸组织民众治理当地水患,工程由郡将龚欧涛规划主持。面对遭受狂风骤雨袭击的水害灾区,龚欧涛不顾安危,深入一线视察灾情,并拟定了详细的治水规划和方案,为唐朝廷决策提供了及时准确的信息,遂被任命协助刺史韦庸,负责规划、督办鹿城西南三十里西湖疏浚水利工程。

工程上游承接雄溪、瞿溪、郭溪三溪和桐岭、岷岗、安下、东坑之水,下游至三角城头,分东西五支、西向二支导入瓯江,起汇散、调节,变水患为水利作用。龚欧涛性情雄豪仁厚,体恤民情,恩怜工役,不使劳瘁,栉风沐雨,与民同甘共苦,不辞辛劳,凿湖蓄水,疏导分流,修堤筑堰,历经四载春秋终于建成,使得城区南部遇洪水暴发可经通江排洪河道排涝,逢旱情又可调湖水以济塘河,实现旱涝兼治。

龚欧涛治水像

身先士卒平叛乱

唐宣宗大中十三年(859 年)底，剡西人裘甫(也作仇甫)聚众百余人，于象山揭竿而起，反抗唐朝廷。次年初，于桐柏观大败唐军，击毙唐将范居植，攻克剡城。裘甫开府库，募壮士，队伍很快发展到数千人。唐朝廷派军队镇压，裘甫率军闻讯撤离县城，来到剡南三溪设伏。事先壅塞三溪上游溪流，交战后，其军队即佯装败退，诱唐兵涉水追击。待唐兵至溪中，其军队突然决壅，三溪之水奔流而下，裘甫伏兵齐出夹击，唐兵既遭洪水冲击，又腹背受击，全军覆灭，唐将沈君纵等 3 人被击毙。借此良机，裘甫在剡县建立政权，号称“天下都知兵马使”，建元“罗平”，铸印称“天平”，其势日盛，部众扩张至三万余人。随后，裘甫乘胜出击，攻占上虞、余姚、慈溪、奉化、宁海、天台等地，一时之间唐王朝震恐不已，调派安南都护王式为浙东观察使，发忠武、义成淮南兵，联合剡县当地团兵围攻裘甫。

裘甫军队攻克宁海、天台后，其中一部直接挥师南下，于唐懿宗咸通元年(860 年)四月进攻温州。郡将龚欧涛为了护卫温州城百姓

将军庙(乌岩道院)

将军桥

安危，不顾身家性命，率领翁、苏二将，带领官兵出三角门，与裘军大战，连斩敌将数人，但终因寡不敌众，战至勤奋河行春桥附近时殉职。叛军也因失去将领而受挫退去，龚欧涛用生命捍卫了鹿城的安全。叛乱平定后，朝廷追封公为忠烈将军，在其牺牲之处建庙以四时祭祀；为了纪念龚欧涛，行春桥后来就改名为将军桥。中华人民共和国成立初期，因兴修水利和发展交通事业，原庙被拆除，当地百姓将香火移至乌岩殿供奉，并书楹联“赫赫丰功光史册，巍巍浩气壮山河”。

参考文献

[1]〔明〕王瓒，〔明〕蔡芳. 弘治温州府志[M]. 胡珠生，校注. 上海：上海社会科学院出版社，2006.
[2]〔清〕孙衣言. 瓯海轶闻[M]. 张如元，校笺. 上海：上海社会科学院出版社，2005.

刘默：

扬州别驾知名士，
肝胆崔嵬百炼刚。*

刘默，字识道，山东沂州人，南宋绍兴二年（1132 年）任乐清县令。刘默为官清正、勤政为民，在短短的两年任期内，组织民众拓浚乐琯古运河，并沿线修筑驿路官塘，极大地方便了乐清县城到温州城的水陆交通，后人称之为“刘公河”和“刘公塘”。

---

* 出自南宋・王十朋《黄府君挽词》。

浚河筑塘通驿路

北宋宣和(1119—1125年)以来，乐清西乡接连遭受山洪海潮之灾，大片土地流失，桑田复为沧海，致百姓流离失所，郡县驿路也遭到破坏，官民饱受困扰数年。南宋高宗绍兴二年(1132年)，刘默担任乐清县令。上任伊始，刘默通过访民情、察灾患，分析水患成因，决定着手修筑一条县城和郡城之间的驿路官塘。

当时，有一条始建于唐朝到五代年间的古运河贯穿乐成、柳市水系，担负着农田灌溉、防洪排涝、交通等职责。经过夜以继日的调查研究，刘默规划沿古运河挖泥筑塘，自县城承恩门外(今乐清城区公安西路、环城西路交会处)南下，经通井街、下马桥直抵万岙，由万岙折而西，穿峡门经湖横往西，过方头岩至湖头，再向西(稍南)经西宋，行至孤屿前越过沟旁桥至万家垟，继而西行跨廿里桥折而南，绕马山嘴转西，穿沙门弄经高岙、白鹭屿，再折而南达于琯头，全程约28.8公里。

乐琯古运河线路图

为保障工程进展，刘默带头捐俸，组织乐清西乡之民沿乐琯古运河筑塘，挖运河之泥加宽加高塘路，塘两侧和路面均铺砌块石和条石，基础部分宽 3 至 5 米，路面宽约 3 米。为取直道，有的路段筑在塘河水中央，并建有数十座桥梁。邑志称刘默筑塘："民甚德之，名刘公塘。"刘公塘在施工中，在增高、加宽河堤的同时，也加宽加深并拓直了塘河，故后人亦称乐琯古运河为"刘公河"。

2014 年发现的刘公塘遗址

官塘沿途，除峡门和沙门两处为山间峡谷外，其余皆水乡泽国，施工难度极大。首先，在湖荡中筑塘，建设过程中屡造屡毁，最后效仿西湖白堤、苏堤，在塘路两侧打木桩加固，并砌护岸石，解决了水啮土蚀的难题；其次，总长 50 多里（1 里＝500 米）的塘路，沿线河汊密布，需建造大小桥梁 60 多座；最后，大量弯弯曲曲的原始河渎（河川）需要改造，挖深、加阔、拓直，像峡门、沙门等处还要开凿运河，使水贯通。刘公塘工程之艰巨，在乐清乃至温州历史上，堪称旷古未有。

刘默浚河筑塘，也为其后近 900 年乐琯古运河的持续治理提供了指引。明万历二十三年（1595 年）当朝浚河修塘；清康熙四十年（1701 年）、雍正四年（1726 年），知县陈大年、唐传钰率民大举拓浚塘河；民国时期五次疏凿峡门、上岙两浅滩；1955 年 11 月，峡门滩开始拓浚。2014 年，在乐琯古运河清淤中，柳市镇湖横社区“刘公塘”遗址被发现；2023 年 10 月 25 日，乐琯古运河入选浙江省首批重要水利工程遗产名录。

身体力行勤爱民

南宋初年，连年的战乱已让朝廷财政吃紧，此时摆在刘默面前的首要问题就是建设资金问题。刘默秉承“在官一任，造福一方”的愿望，回山东老家变卖药店与家产，携资来乐清，浚疏河道、修建官塘，用以抵挡水灾、方便交通。然而，因古运河和塘路全程长 50 多里，要分段同时施工，自筹的资金还远远不够。为争取到更多支持，刘默将长女许配给湖头黄府、次女许配给白石钱府，争取到了两个家族的鼎力赞助。南宋状元王十朋得知刘默的事迹后十分感动，写诗赞誉道：“扬州别驾知名士，肝胆崔嵬百炼刚。谁谓公家有兰玉，解令高选继东床。”该诗赞叹了刘默一心为公的气魄。

官塘线路长，沿线情况复杂，既有在湖荡中筑塘，又有裁弯取直改造原有河渎，还需要修建大量桥梁。如何保质、保量、按期完成修筑，是摆在刘默面前的一个难题。为此，刘默不辞辛劳，与人民共甘苦，不时亲至工地策划督导，《乐清县志》有载：“湖横山饶名胜，距塘不远，默于巡功之暇憩游于此。”

正是这种“大公无私”的精神和“不完成筑塘誓不罢休”的决心，

使得刘默在短短两年任期之内就完成了乐琯古运河的疏浚和沿河驿路官塘的建设。刘默所筑的刘公塘，可媲美唐朝白乐天的白堤、北宋苏东坡的苏堤。挖河造堤，形成海塘（官塘）和塘河，有效防止了海水对堤内农田的侵害。同时，官塘上走马行人，运河中百舸争流，极大改善了乐清西乡的水陆交通。此前，乐清西乡的陆上交通主要依赖贴山而设的古驿道，刘公塘取代古驿道以后，不仅缩短了里程，而且因路面平坦宽阔而更便于驰行，极大地促进了古代乐清经济和社会发展。时至现代，刘公塘作为乐清西乡陆路交通主道虽已成为历史，但依然不失其在内河航运和水利上的重要地位。

刘默一生崇尚廉洁，做官所得除去日常用度和买书外，几乎都捐给了工程建设，别无长物。官塘修成后，民感其德，称为“刘公塘”，将其曾游历过的中雁荡山仙狮岩改称“刘公谷”。邑民还在刘公谷立祠（即今西龙寺）纪念，在横湖一带还有以他姓氏命名的刘公河、刘公桥。清代郑板桥获知刘默事迹，写下了楹联“从雁中来，清梦不为一官累；住湖上好，芳名更有万年秋”，赞颂刘默的“万古清风”，该副木制挂联现藏于乐清市博物馆。

刘公谷，中雁荡山仙狮岩

《二公亭记》

郑板桥手书楹联

参考文献

[1] 乐清市政协文史资料委员会. 乐清上下一千六百年·人物篇[M]. 北京：中国文史出版社，2011.
[2] 陈纬. 石塘山居杂文[M]. 北京：线装书局，2014.
[3] 赵乐强. 西乡旧事[M]. 北京：中国民族摄影艺术出版社，2007.

韩彦直：
但愿和羹继先业，不辞草制搜枯肠。*

韩彦直（1131—1194 年），字子温，绥德（今陕西延安）人，其父韩世忠是南宋抗金名将。宋绍兴十八年（1148 年）进士，乾道二年（1166 年）任户部郎官，总领淮东军马钱粮，七年（1171 年）任鄂州驻扎御前诸军都统制。淳熙四年（1177 年）任温州知州，其间疏浚河道，击败海寇，并撰写世界上第一部完整的柑橘专著《橘录》。

* 出自南宋 · 周必大《韩子温尚书以长句送江梅次韵》。

集资募民浚新河

温州信河街的前身是一条河，追溯至五代时期，温州城的河网就已纵横交错，其中就有一条从南到北延伸到瓯江边的河，既承担着排污系统的作用，又作为当年温州城内的水上交通要道。据方志记载，该河系五代(907—960 年)吴越王钱镠统治温州时僧德伦所开。南宋淳熙四年(1177 年)，韩彦直任温州知州后，看到因年久失修，河道浸塞，舟楫难通，居民不便，于是组织对其进行治理。韩彦直筹集资金，募民工一万三千人，疏浚永嘉环城河道两万余丈。工程竣工后利益甚多，郁滞得舒，民间和乐，老百姓深感韩知州之德政，刻石记其事，并取名“新河”，河道西侧的街道遂名“新河大街”。南宋学者叶适在其著作《东嘉开河记》中，详细记录了这次河道治理的过程和成果，为后人留下了宝贵的历史资料。

东嘉开河记

宋 • 叶适

温州并南海以东地，地常燠少寒，上壤而下湿。昔之置郡者，环外内城皆为河，分画坊巷，横贯旁午，升高望之，如画弈局。永嘉非水之汇而河之聚者，不特以便运输，达舟楫也。而以节地性，防人灾，安居利用之大意也。其后承国家生养之盛，市里充满，至于桥水堤岸而为屋，其故河亦狭矣。而河政又以不修。长吏岁发闾伍之民以浚之，或慢不能应，反取河滨之积实之渊中。故大川不胜舟，而小者纳污藏秽，流泉不来，感为厉疫，民之病此，此积四五十年矣。

淳熙四年(1177 年)，户部尚书韩公之来守也，其九月，即用州之钱米有籍无名者合四十余万，益以私钱五十万，命幕僚与州之社里长募闲民，为工一万三千有奇，举环城之河以丈率者二万三百有奇，取泥出甓，两岸成丘。村农闻之，争喜负去，一日几尽。毕事，则天雨两旬，于是洗濯流荡，而水之集者，深漫清泚，通利流演，虽远坊曲巷，皆有轻舟至其下。民既得以舒郁滞，导和乐，而公之治遂以清平而成。

盖先王之政，以养人为大。生聚所资，衣食之有无，此上之责也。封疆道路，城郭沟池，其修补浚治之功，此民之力所能自为也。如使官亦为之，则费而难给矣。后世道失，乃以废官益民者为政之大，然吏惧其费而不复为之。或不知而一委之民也，而其劝之或不以其道，使之或不尽其术，则徒扰扰而已矣。夫上之于下，岂必与之较哉？民以为不能者，官自为之可也。民有四五十年之病而上无一日之救，则非仁者之用心也。公之为是役也，可以知其仁矣。故州之人相与刻石记之，以载公之仁，亦欲使后来者知所考云。

武略文韬著新篇

韩彦直出身将门，受家庭的影响，少年时代就具有强烈的忠君报国思想。他聪明能干，富有才华，绍兴十八年（1148 年）考中进士，随后在京城和地方上担任过各种官职。乾道二年（1166 年）出任户部郎官，掌管淮东地区的军马钱粮事务，在他的精心管理下，淮东军需供应井然有序，钱粮调度得当，展示了其非凡的理财能力和统筹才能。

乾道七年（1171 年），韩彦直任鄂州驻扎御前诸军都统制时，严格训练军队，使得骑兵部队的战斗素质有很大的提高，造就官兵人人都能吃苦耐劳、出征行进如飞的良好作风，是当时军队的典范。在担任温州知州期间，韩彦直爱惜民众，奏免百姓积欠，并亲授将士作战韬略，成功击败当时为非作歹的海盗团伙，并活捉匪首王永年。

淳熙初期，韩彦直被选派为遣金使，在敌国的威逼利诱下，他坚贞不屈，视死如归，最后连金人也不得不对他表示钦佩，期满时以礼相送，他顺利地完成了外交使命。韩彦直为人正直，办事公正廉明。在他的建议下，朝廷对靖康以来的爱国人士进行了表彰。他还设法帮助追回被人霸占的原属岳飞的财产，并清算了一些曾参与诬陷岳飞的人的罪行，维护了国家的正义与尊严。

韩彦直还极关心农业生产。在温期间，韩彦直详细了解温州一带柑橘生产情况。淳熙五年（1178 年），其写出《橘录》三卷，详细记载了当时温州一带柑橘生产情况，总结推广了柑橘种植经验，是世界上第一部完整的柑橘专著，并被收录进《四库全书》，后被译成多种外文传到国外。

《橘录》是韩彦直农学思想的集中体现。韩彦直是将柑橘类果树分为“柑”、“橘”和“橙子之属类橘者”三大类的第一人。除自序外，全书分为上、中、下三卷，5 000 余字。上卷和中卷主要记述了当时温州一带的 27 个柑橘品种，其中包括柑 8 种、橘 14 种、橙 5 种，并对每一品种的树冠形状、枝叶生长状态、果实形状和大小、果实风味、果皮色泽、核的多少等进行详细描述；下卷 9 节，分为种治、始栽、培植、去病、浇灌、采摘、收藏、制治、入药，系统全面地总结了温州一带的柑橘栽培技术与实践经验。

韩彦直向老农了解柑橘情况

橘录

宋 • 韩彦直

【序】

橘出温郡最多种，柑乃其别种。柑自别为八种，橘又自别为十四种，橙子之属类橘者，又自别为五种，合二十有七种。而乳柑推第一，故温人谓乳柑为真柑，意谓他种皆若假设者，而独真柑为柑耳。然橘亦出苏州、台州，西出荆州而南出闽广。数十州皆木橘耳，已不敢与温橘齿，矧敢与真柑争高下耶？且温四邑俱种柑，而出泥山者又杰然推第一。泥山盖平阳一孤屿，大都块土，不过覆釜，其旁地广袤只三二里许，无连岗阴壑，非有佳风气之所淫渍郁烝，出三二里外，其香味辄益远益不逮。夫物理何可考耶！或曰温并海地斥卤，宜橘与柑，而泥山特斥卤佳处，物生其中，故独与他异。予颇不然其说，夫姑苏、丹丘与七闽、两广之地，往往多并海斥卤，何独温？而又岂无三二里得斥卤佳处如泥山者？自屈原、司马迁、李衡、潘岳、王羲之、谢惠连、韦应物辈，皆尝言吴楚间出者，而未尝及温。温最晚出，晚出而群橘尽废。物之变化出没，其浩不可考如此。以予意之，温之学者由晋唐间未闻有杰然出而与天下敌者，至□国朝始盛。至于今日。尤号为文物极盛处，岂亦天地光华秀杰不没之气来钟此土，其余英遗液犹被草木，而泥山偶独得其至美者耶？予北人，平生恨不得见橘著花，然尝从橘舟市橘，亦未见佳者，又安得所谓泥山者啖之？去年秋，把麾此来，得一亲见花，而再食其实以为幸。独故事，太守不得出城从远游，无因领客入泥山香林中，泛酒其下。而客乃有遗予泥山者，且曰："橘之美当不减荔子[①]，荔子今有谱，得与牡丹、芍药花谱并行，而独未有谱橘者。子爱橘甚，橘若有待于子不可以辞。予因为之谱，且妄欲自附于欧阳公蔡公之后，亦有以表见温之学者足以夸天下，而不独在夫橘尔！"淳熙五年十月，延安韩彦直序。

【卷上】

按：开宝中陈藏器《补神农本草书》，柑类则有朱柑、乳柑、黄柑、石柑、沙柑。今永嘉所产实具数品，且增多其目，但名少异耳。凡圃之所植，柑比之橘才十之一二。大抵柑之植立甚难，灌溉锄治少失时，或岁寒霜雪频作，柑之枝头殆无生意，橘则犹故也。得非琼盃玉斝，自昔易阙邪？永嘉宰勾君𤊹有诗声，其诗曰："只须霜一颗，压尽橘千奴。"则黄柑位在陆吉上，不待辨而知。

真柑，在品类中最贵可珍，其柯木与花实，皆异凡木。木多婆娑，叶则纤长茂密，浓阴满地。花时韵特清远。逮结实，颗皆圆正，肤理如泽蜡。始霜之旦，园丁采以献，风味照座，擘之则香雾噀人。北人未之识者，一见而知其为真柑矣。一名乳柑，谓其味之似乳酪。温四邑之柑，推泥山为最。泥山地不弥一里，所产柑，其大不七寸围，皮薄而味珍，脉不粘瓣，食不留滓，一颗之核才一二，间有全无者。南塘之柑，比年尤盛，太守燕赏，为秋日盛事。前太守参政李公赏柑之诗曰："忘机白鸟冲船过，堆案黄柑噀手香。"侍郎曾公之词曰："满树叶繁枝重，缀青黄百千。"皆佳句也。

生枝柑，似真柑，色青而肤粗，形不圆，味似石榴微酸。崔豹《古今注》曰："甘实，形似石榴者为壶柑"，疑此类是。乡人以其耐久，留之枝间，俟其味变甘，带叶而折，堆之盘俎，新美可爱，故命名生枝。

海红柑，颗极大，有及尺以上围者。皮厚而色红，藏之久而味愈甘。木高二三尺，有生数十颗者，枝重委地，亦可爱。是柑可以致远，今都下堆积道旁者多此种。初因近海，故以海红得名。

---

① 荔子，即荔枝。

洞庭柑，皮细而味美，比之他柑，韵稍不及。熟最早，藏之至来岁之春，其色如丹。乡人谓其种自洞庭山来，故以得名。东坡《洞庭春色赋》有曰："命黄头之千奴，卷震泽而与还。翠勺银罂，紫络青纶。"物固唯所用，酝酿得宜。真足以佐骚人之清兴耳。

朱柑，类洞庭而大过之，色绝嫣红，味多酸。以刀破之，渍以盐，始可食。园丁云："他柑必接，唯朱柑不用接而成。"然乡人不甚珍宠之，宾祭斥不用。

金柑，在他柑特小，其大者如钱，小者如龙目。色似金，肌理细莹，圆丹可玩。啖者不削去金衣，若用以渍蜜尤佳。欧阳文忠公《归田录》载其香清味美，置之樽俎间，光彩灼烁如金弹丸，诚珍果也。都人初不甚贵，其后因温成皇后好食之，由是价重京师。

木柑，类洞庭，少不慧耳。肤理坚顽，瓣大而乏膏液，外强中干，故得名以木。

甜柑，类洞庭，高大过之。每颗必八瓣，不待霜而黄，比之他柑加甜。柑林未熟之日，是柑最先摘，置之席间，青黄照人。长者先尝之，子弟怀以归，为亲庭寿焉。然是种不多见，治圃者植一株二株焉，故以少为贵。

橙子，木有刺，似朱栾而小，永嘉植之不若古栝之盛，比年始竞有之。经霜早黄，肤泽可爱。状微有似真柑，但圆正细实，非真柑。北人喜把玩之，香气馥馥，可以熏袖，可以芼鲜，可以渍蜜，真嘉实也。若真柑则无是二三者。人自珍之，得非瞭然在人耳目者，盖真柑之细邪！

【卷中】

牛僧孺《幽怪录》：有生于橘者，摘剖之，有四老人焉。其一曰："橘中之乐，不减商山，恨不能深根固蒂耳。"由是有"橘隐"名。楚屈原作《离骚》其《橘颂》一章有曰："后皇嘉树橘徕服兮，受命不迁生南国兮。"宋谢惠连《橘赋》亦曰："园有嘉树，橘柚煌煌。"以是知橘实佳物，昔人所爱慕若此。孔安国曰："小曰橘，大曰柚。"郭璞亦云："柚似橙而大于橘。"温无柚而种橙者少，非土所宜也。《本草》载橘柚味辛温，无毒。主去胸中瘕热，利水谷，止呕咳。久服通神，轻身长年。陶隐居云："此言橘皮之功效若此，其实之味甘酸，食之多痰无益。"其说为是。隐居不敢轻注《本草》，盖此类也。陈藏器《补本草》谓："橘之类有朱橘、乳橘、塌橘、山橘、黄淡子。"今类见之。

黄橘，状比之柑差褊小，而香雾多于柑。岁雨旸以时，则肌充而味甘，其围四寸。色方青黄时，风味尤胜，过是则香气少减。惟遇黄柑则避舍。置之海红、生枝柑间，未知其孰后先。名之曰"千奴"，真屈称也。

埸橘，状大而匾，其南枝之向阳者，外绿而心甚红。经春味极甘美，瓣大而多液。其种不常有，特橘之次也。

包橘，取其累累然若包聚之义。是橘外薄内盈，隔皮脉瓣可数。有一枝而生五六颗者，悬之极可爱。然土膏而树壮者多有之，不称奇也。

绵橘，微小，极软美可爱，故以名。圃中间见一二树，结子复稀。物以罕见为奇，此橘是也。

沙橘，取细而甘美之称。或曰种之沙洲之上，地虚而宜于橘，故其味特珍。然邦人称物之小而甘美者必曰沙，如沙瓜、沙蜜、沙糖之类，特方言耳。

荔枝橘，多出于横阳，肤理皱密类荔子，故以取名。横阳与闽接轸，荔子称奇于闽，黄橘擅美于温，故慕而名之。有言橘逾淮为枳，植物岂能变哉！疑似之乱名多此类。

软条穿橘，其干弱而条远，结实颇大，皮色光泽，滋味有余。其心虚有瓣，如莲子穿其中。盖接橘之始，以枝之杪者为之。其体性终弱，不可以犯霜，不可以耐久。又名为女儿橘。

油橘，皮似以油饰之，中坚而外黑，盖橘之若柤，若柚者。擘之而不闻其香，食之而不可于口，是橘之仆奴也。

绿橘，比他柑微小，色绀碧可爱，不待霜，食之味已珍。留之枝间，色不尽变，隆冬采之，生意如新。横阳人家时有之，不常见也。

乳橘，状似乳柑，且极甘芳得名，又名漳橘，其种自漳浦来。皮坚穰多，味绝酸，不与常橘齿。乡人以其颇魁梧，时置之客间，堪与饤座梨相值耳。他日有以乳橘为真柑者，特碔砆之似玉也。

金橘，生山径间，比金柑更小，形色颇类。木高不及尺许，结实繁多，取者多至数升。肉瓣不可分，止一核，味不可食，惟宜植之栏槛中，园丁种之以鬻于市，亦名山金柑。周美成词有“露叶烟梢寒色重，攒星低映小珠帘”。为是橘作。

自然橘，谓以橘子下种，待其长，历十年始作花结实。味甚美，由其本性自然，不杂之人为，故其味全。盖他柑与橘，必以柑淡子著土，俟其婆娑作树，以枝接之为柑、为橘、为多种，俱非天也。故是橘以自然名之。然十年之计，种之以木。今之辟圃者，多不年岁间爬其肤，以验其枯荣。粪其本，以计其久近。谁能迟十年之久，以收效耶？是橘名之曰“自然”，当矣。接木之详，见于下篇。

早黄橘，著花结子比其类独早，秋始半，其心已丹。千头方酸，而早黄橘之微甘已回齿颊矣！王右军帖有曰：“奉橘三百枚，霜未降，未可多得。”岂是类邪?

冻橘，其颗如常橘之半。岁八月，人曰为小春，枝头时作细白花，既而橘已黄，千林已尽，乃始傲然冰雪中。著子甚繁，春二三月始采之，亦可爱。前辈诗有曰:“梅柳搀先桃李晚，东风元是一般春。”此诗不独咏桃李，物理皆然。

朱栾，颗圆实，皮粗瓣坚，味酸恶，不可食，其大有至尺三四寸围者。摘之置几案间，久则其臭如兰。是品虽不足珍，然作花绝香，乡人拾其英烝香，取其核为种，析其皮入药，最有补于时。其详具见下篇。

香栾，大于朱栾，形圆色红，芳馨可玩。

香圆，木似朱栾，叶尖长，枝间有刺，植之近水乃生。其长如瓜，有及一尺四五寸者，清香袭人，横阳多有之。土人置之明窗净几间，颇可赏玩。酒阑并刀破之，盖不减新橙也。叶可以药病。

枸橘，色青气烈。小者似枳实，大者似枳壳。能治逆气、心胸痹痛、中风、便血，医家多用之。

【卷下】

种治

柑橘宜斥卤之地，四邑皆距江海不十里。凡圃之近涂泥者，实大而繁，味尤珍，耐久不损，名曰涂柑。贩而远适者，遇涂柑则争售。方种时，高者畦垄，沟而泄水。每株相去七八尺，岁四锄之，剃尽草，冬月以河泥壅其根，夏时更溉以粪壤。其叶沃而实繁者，斯为园丁之良。

始栽

始取朱栾核，洗净，下肥土中，一年而长，名曰柑淡。其根荄簇簇然，明年移而疏之。又一年，木大如小儿之拳，遇春月乃接。取诸柑之佳与橘之美者，经年向阳之枝以为贴，去地尺余，细锯截之，剔其皮，两枝对接。勿动摇其根，拨掬土实其中以防水。蒻护其外，麻束之，缓急高下俱得所，以候地气之应。接树之法，载之《四时纂要》中，是盖老圃者能之。工之良者，挥斤之间，气质随异，无不活者。过时而不接，则花实复为朱栾。人力之有参于造化，每如此。

培植

树高及二三尺许，剪其最下命根，以瓦片抵之，安于上，杂以肥泥，实筑之。始发生。命根不断，则根迸于土中，枝叶乃不茂盛。

去病

木之病有二，藓与蠹是也。树稍久，则枝干之上苔藓生焉。一不去，则蔓衍日滋，木之膏液荫藓而不及木，故枝干老而枯。善圃者用铁器时刮去之，删其繁枝之不能华实者，以通风日，以长新枝。木间时有蛀屑流出，则有虫蠹之。相视其穴，以物钩索之，则虫无所容，仍以真杉木作钉，窒其处。不然则木心受病，日以枝叶自凋。异时作实，瓣间亦有虫食。柑橘每先时而黄者，皆其受病于中。治之以早乃可。

浇灌

圃中贵雨旸以时，旱则坚苦而不长，雨则暴长而皮多拆，或瓣不实而味淡。园丁沟以泄水，俾无浸其根。方亢阳时，抱瓮以润之。粪壤以培之，则无枯瘁之患。

采摘

岁当重阳，色未黄，有采之者，名曰摘青。舟载之江浙间。青柑固人所乐得，然采之不待其熟，巧于商者间或然尔。及经霜之二三夕才尽剪。遇天气晴霁，数十辈为群，以小剪就枝间平蒂断之，轻置筐筥中，护之必甚谨，惧其香雾之裂则易坏，雾之所渐者亦然。尤不便酒香，凡采者竟日不敢饮。

收藏

采藏之日，先净扫一室，密糊之，勿使风入。布稻藁其间，堆柑橘于地上，屏远酒气。旬日一翻拣之，遇微损谓之点柑，即拣出，否则侵损附近者。屡汰去之，存而待贾者十之五六。人有掘地作坎，攀枝条之垂者，覆之以土，至明年盛夏时开取之，色味犹新，但伤动枝苗，次年不生耳。

制治

朱栾作花，比柑橘绝大而香。就树采之，用笺香细作片，以锡为小甑，每入花一重，则实香一重，使花多于香。窍花甑之旁，以溜汗液，用器盛之。炊毕，彻甑去花，以液浸香。明日再蒸，凡三换花，始暴干，入瓷器密盛之。他时焚之，如在柑林中。柑橘并金柑皆可切瓣，勿离之，压去核，渍之以蜜。金柑著蜜，尤胜他品。乡人有用糖熬橘者，谓之药橘。入籍之灰于鼎间，色乃黑，可以将远。又橘微损，则去皮，以肉瓣安灶间，用火熏之，曰熏柑。置之糖蜜中，味亦佳。

入药

橘皮最有益于药，去尽脉则为橘红，青橘则为青皮，皆药之所须者。大抵橘皮性温平、下气、止蕴热，攻痎疟，服久轻身。至橘子尤理腰膝。近时难得枳实，人多植枸橘于篱落间，收其实剖干之，以之和药，味与商州之枳几逼真矣。枸橘又未易多得，取朱栾之小者半破之，日暴以为枳。异方医者不能辨，用以治疾亦愈。药贵于愈疾而已，孰辨其为真伪耶！

参考文献

[1] 林长春. 塘河散文选编[M]. 北京：中国对外翻译出版有限公司，2012.
[2] 〔宋〕韩彦直. 橘录校注[M]. 北京：中国农业出版社，2010.
[3] 王兴文. 韩彦直《橘录》及其科学价值初探[J]. 温州大学学报(自然科学版)，2008(05)：48-53.
[4] 宋志红. 南宋名将韩世忠研究[D]. 广州：暨南大学，2006.

注：①《东嘉开河记》出自《温瑞塘河系列丛书》之《塘河散文选编》一书，2022年出版。

②《橘录》出自彭世奖校注版《橘录校注》一书，2010年由中国农业出版社出版。

沈枢：
沈公天下士，于今万夫雄。*

沈枢，字持孝、持要、持正，安吉康山人，南宋绍兴十五年（1145年）进士。绍兴二十八年（1158年）至淳熙十二年（1185年）间，先后任御史台主簿、监察御史、尚书考功郎官、右司员外郎、中书门下检正诸房公事、直宝文阁福建路转运副使、权兵部侍郎兼太子左庶子，于淳熙十二年由大理寺丞调任温州知府，期间组织整治塘河，留下了“南塘驿路，百里荷花”的千古美誉。

* 出自宋·陈傅良《作南塘记郡守沈持要以诗来谢次韵奉酬》。

迎难而上修南塘

南宋淳熙十四年(1187 年),南塘(今温瑞塘河)久圮失修,历任知州多人皆畏工程浩大,费用甚巨,不敢修建。沈枢毅然此役,恰逢朝廷为朝德寿宫做寿而加惠天下,诏减算钱之半,于是沈枢将郡内财政盈余全部投入修建南塘工程中,与通判率领永嘉、瑞安两县士民,分段全线施工,整治疏浚温州到瑞安的七铺塘河,自冬十月始至翌年三月竣工。改造后的南塘河,河岸由坚固的石材筑成,石板路面平整宽敞,整个温瑞塘河及其东岸被改造成温州最重要的水陆交通要道,同时,河里遍植莲藕,夏日荷花盛开,增添了生机与美丽,南塘逐渐形成了"南塘水路,荷香四溢"的独特景致,南塘街成为具有水路码头特色的临水街道。从此,南塘河成为连接温州和瑞安的水上交通大动脉,成了温州的母亲河。

工程建成后,水陆通行,灌溉排涝无阻。两岸居民纷纷以香火祭拜、吟咏诗歌的形式,颂扬沈枢的恩德。南宋著名学者、名臣陈傅良在竣工当年撰写《温州重修南塘记》,描述了沈枢发动主持修建南塘的丰功伟绩:"然公他所为便民(者)虽多,而其大者在石塘。水行御舻,陆行蹑踵,更相和歌,不争以贺。夹河老翁有年七八十者,携持小儿嬉戏于其上,不谓继今民免于死。或为诗谣,或香火以祝公……"因为沈枢主持修建了该水路,为老百姓带来了便利,所以后世也不断有人写诗词歌谣赞美沈枢。清代《温州府志》和《永嘉县志》均记载沈

"沈枢修塘"主题浮雕

八十里荷塘(南塘荷花)

枢“修塘成法”，为后人治塘之典范。“沈枢修塘”也入选“温州治水文化长廊”，以浮雕长卷的方式屹立于瓯江之畔。

为官正直办实事

沈枢做官时，以正直闻名。据《宋史》载，淳熙二年(1175 年)，孝宗问宰相叶衡出使金国的人选，叶衡不喜欢汤邦彦，就推荐说汤邦彦口才好，很合适。汤邦彦得知后，请求面见皇帝，得知是叶衡的主意，心怀不满，告发叶衡私下里有对皇上不敬的言语，并让沈枢作证。沈枢没有附和汤邦彦，于是被贬至筠州看管起来。临去筠州，沈枢将一女子纳入府内，年方十七八。在筠州一住七年，回来时，沈枢将女子“原封”归还给她的父母。此事一时传为佳话，安吉县尉会稽人潘方仲为此献诗一首：“昔年单骑向筠州，觅得歌姬共远游。去日正宜供夜直，归来浑未识春愁。禅人尚有香囊愧，道士犹怀炭妇羞。铁石心肠延寿药，不风流处却风流。”

沈枢在任期间，为温州做了三件实事。一是拨款建造贡院，使得考生不用住在寺院里；二是建造军营，避免了兵民杂处带来的冲突；三是修筑南塘，使得水陆通行，灌溉排涝无阻。几件实事下来，百姓们或歌以咏之，或焚香颂之，当地人民深爱戴之。陈傅良在《作南塘记郡守沈持要以诗来谢次韵奉酬》中写道："沈公天下士，于今万夫雄。邦人见未尝，誉之口不容。"宋代周行己在《坡南塘》一诗中写道："荥阳居士居罕出，高堂华厦安于山。人自垫溺岂关我，乃复辛苦事所难。徒杠未成天欲寒，风吹溱洧波漫漫。安得亟语贤刺史，刺史爱民如赤子。"

温州重修南塘记

宋·陈傅良

自中兴，永嘉为次辅郡，其选守盖多名卿大夫矣。然境内有宜治者三：间岁贡士，群试且万人，于浮屠宫中草舍托处，一宜治。兵与民杂居，颉颃市人间，要束不行而斗讼多，二宜治。州城外，南达瑞安，有石塘百里，所不知起何时，而岁积坏，倾者为嵌，陷者为汇，遇时潦，咫尺不得进，往往溺死；自闽山至于吴会，去来者病之，三宜治。而历年久，更太守几人，皆畏其役，不敢议，议辄弗就。虽仅就，亦苟简复废者，何哉？

吴兴沈公治郡之明年，谓宾佐曰："上方朝德寿宫为寿，加惠宇内，诏减算钱之半。吾属备数奉诏，何以仰称，而适无一事可以宣劳效能广上意者。惟是郡之百废终将累民，吾幸逢年帑有币馀，而啬其藏，失今弗图，以烦将来，将安取此也！"于是作贡院，于是作五营，盖晚而有以塘事告者，公与通判率两邑大夫即里居谋曰："役复有大于此者乎？奈何使吾民锱聚铢敛窃自支补，甲前而乙却也！苟无愆时，工勿问庸几何；苟无乏事，石勿问价几何；舆匠肯来，市无强贾。"自冬十月至今三月而塘成。

凡是役，邦人亟请于州部使者，前太守李公以钱三百万，提举勾公、岳公继以米四百斛，倡民兴之。民亦输钱累至四百三十二万，起淳熙十有一年而事不集。今縻钱一千一百万，而弛民钱六百五十馀万不取，邦人以是役为宜书，而属予焉。以予所闻于公者如此。

况州县官数易，事弥废。熙宁考课又削桥道弗拟，世相蒙习，以偷为得。间有兴作，则议者顾曰："是希进务以出名迹"，则又曰："是一切厉民为美观尔"，则又曰："彼将以为利。"长吏虽欲自信不得骋。公以法从旧人起家为郡。

且复用矣，向使过计收声养尊，安用事事？而独意向不挠愈勇。以今较昔，难易淹速，是皆宜书。然公他所为便民者虽多，而其大者在石塘。水行御舻，陆行蹑踵，更相和歌，不争以贺。夹河老翁有年七八十者，携持小儿嬉戏于其上，不谓继今民免于死，或为诗谣，或香火以祝公，且乞田二顷嗣岁积之，盖欲公德与是塘为无穷云。

公名枢，字持要，前为太子詹事兼吏部侍郎。淳熙十四年三月记。

参考文献

[1] 陈洁坊. 印象南塘——温州南塘街文化肌理的保护与延续[J]. 当代旅游，2019(10)：76-78.

[2] 林瑞翔，庄宇. 温州城市滨水公共空间的构建历程[J]. 城市建筑，2023，20(06)：164-171.

[3] 温州市水利志编纂委员会. 温州市水利志[M]. 北京：中华书局，1998.

[4] 郑晓东. 温州山水城市空间初探[J]. 现代城市研究，2001(01)：29-32.

[5] 林长春. 塘河散文选编[M]. 北京：中国对外翻译出版有限公司，2012.

注：《温州重修南塘记》出自《温瑞塘河系列丛书》之《塘河散文选编》一书，2022年出版。

何文渊：行囊不载温州物，只有民情满腹中。*

何文渊（1385—1457 年），字巨川，初号东园，晚号钝庵，江西建昌府广昌县人。明永乐十六年（1418 年）进士，授监察御史，历任山东、四川按察使。明宣德五年（1430 年），因东南地区“繁剧难治”，需要能人治理，皇帝下旨招贤，经都御史顾佐推荐，何文渊以监察御史出知温州府。其在任六年，修复水利，提倡教育，减轻粮税，勤俭廉洁，一州大治，时称浙东第一，誉为全国“四大名（太）守”之一。

* 出自明·何文渊《别温州父老》。

疏河筑埭安民生

何文渊到温州后，以礼延请地方名士，共商地方时弊、政务得失，锐意改革。何文渊不仅有吏治的才干，还处处顺应民心，关心民间疾苦。

宣德年间，瑞安县水利设施长久失修，渠道淤塞，农田干旱为患。一次，何文渊下乡询农桑事，得知作为温瑞塘河水利咽喉的塘下石岗陡门因年久失修，渠道淤积，导致旱涝多灾，严重影响粮食丰收。这令他寝食难安。当晚，何文渊乘舟去找当地名士虞原璩商议，决定采用“陡闸固，拓阔深疏，驳岸筑埠，清污还田，据田推丁，兵壮协理”疏浚方略。工程完工后，取得了陡门蓄泄有节、河道运灌兼用、塘路铺石平坦、往来通达的良好效果。

石冈陡门遗址

当时瞿溪南北两岸有肥沃农田数千亩，但溪流地势远低于农田，每逢大旱，缺水灌溉，农民束手无策，怨天叫苦。何文渊实地踏勘后，在瞿溪东向督造埭闸一座，初名瞿溪埭，蓄水引流溉田数千亩，并在

“皆春亭”旁修筑堤塘一条，计长十五丈，拦阻洪水，以保护村镇及农田。百姓为纪念其恩惠遗德，将瞿溪埭命名为“何公埭”，并建造何公祠于普安院，又在埭楼北首建造埭头亭，立石碑记之。据清康熙《永嘉县志》载：“普安堂，在瞿溪，内祀郡守何文渊。”明末清初名士周天锡闻先贤之声绩，不禁肃然起敬，并为之题埭铭，曰：“石固土坚，河带山砺。如犀镇水，似鳌奠地。川后安流，天吴顺势。物阜民熙，万年永利。”1985 年，何公埭老埭闸拆除改建为钢筋混凝土结构水闸；2002 年再次改造为橡胶坝（今瓯海区瞿溪豪达路下游）。

“何公埭”现状

勤政爱民廉却金

在担任温州知府六年间，何文渊关心百姓疾苦，重视民情民意，广泛征求百姓对官府的意见；他铲除弊政，重审错案，平反冤案，解救无辜；他改革税制，实行水陆田亩均税，废除了原有的课银制度，采用更为便捷高效的货币缴税方式（即输钞），地方粮税一律由政府收放，有效隔绝了军卫势力的不当干预，以减轻百姓负担；此外，他还致力于民生基础设施的改善，尤为关注农田水利建设，亲自督导修缮陡门、构筑坚固水坝，为农业生产的稳定与发展奠定了坚实基础；他大力振兴学校，修明条例，注重感化，使僚属守法，山无盗贼，民寡词讼，境内大治。何文渊以其高尚的品德操守和清廉的为官之道，赢得了温州人民的广泛赞誉和深深爱戴。

何文渊为政清廉，一州大治，时称浙东第一清廉知府。六年间，“无锱铢取于民，布衣蔬食，处之怡然”。瑞安名士虞原璩颂以“恭宽信敏惠廉明七字全”赞颂何文渊为官清正。

丽水却金馆廉政文化教育基地

宣德七年（1432 年）冬天，何文洲赴北京朝觐。到了丽水一个名叫刘山铺的小山村时，温州五县民众派代表日夜兼程，抄密林小路赶上何文渊，说：温州百姓闻知何公离任起程，见何公囊中羞涩，纷纷解囊筹金，特资盘缠。话毕，当众奉上了一大笔礼金。何文渊推辞不下，只好暂且收下。第二天一大早，他弃礼金于驿站，没向任何人告别，又悄悄起程了。这令住驿站的人们十分感慨，其中一位士人在墙壁挥毫写下了“却金馆”三个大字，以志何文渊的人格。明清两代扩建了何文渊却金时住宿的刘山铺大公馆（驿站），命名为却金馆，后刘山铺村也改名为却金馆村。近年来，丽水市建设却金馆廉政文化教育基地，并被浙江省纪检委等八部门命名为浙江省廉政文化“六进”示范点。

万民相送

因为何文渊在温州的治绩突出，增秩二级。宣德十年（1435 年），礼部尚书胡濙荐举何文渊可以大用，升刑部右侍郎。九月十一日赴召离温时，温州官吏军民父老感泣遮留，待他出城的时候，男女相送者万余人，填塞城门；瓯江以北的父老童稚望风拜伏，悲泣于岸侧。何文渊所虑政事未成，民未安堵，深有感于怀，留诗以别诸父老乡民："作郡焦劳鬓短蓬，承恩又入大明宫。行囊不载温州物，只有民情满腹中。"

天顺元年（1457 年）何文渊得病卒，享年七十三岁。临死时，何文渊对儿子们说：吾昔为温郡守，温人戴我实深。今去温数十年，心未尝不在温也。吾死，神必归温也。可见温州人对他的深情，他永记不忘。温州吏民同样怀念何文渊，摹像于郡学先贤祠，原石碑立在府学大成门左，又绘像于东岳庙，岁时祭祀。温州人民还自发捐款筹集资金，在华盖山北坡建了一座亭子，命名为"却金亭"，以纪念何文渊。

参考文献

[1] 浙江省纪委省监委网站. 清官史话｜铁面御史：何文渊[EB/OL]. [2020-11-04]. https://www.zjsjw.gov.cn/zhuantizhuanlan/shipindongman/weishipin1/202010/t20201028_3018281.shtml.

[2] 〔明〕焦竑. 国朝献征录·卷二十四·吏部尚书何公文渊行状[M]. 上海：上海书店出版社，2022.

[3] 〔清〕张廷玉，等. 明史[M]. 北京：中华书局，1974.

[4] 邱国珍. 在历史与传说之间——以何文渊传说为例[J]. 温州大学学报（社会科学版），2011，24(04)：14-22.

文林：
岂无康乐情，
坐有民社责。*

文林（1445—1499 年），字宗儒，号交木，长洲（今江苏苏州）人，明成化八年（1472 年）进士，成化十年（1474 年）知永嘉县，为官清廉仁贤，抑恶扶弱，吏民称便。后赴山东博平等地为官，历迁南京太仆寺丞，以病归乡。弘治十年（1497 年），因其才识人望，颇受朝野好评，亦因前永嘉惠政，温人多思之，复守温州。他去世后，温州吏民自愿凑集千金为其治丧，家人遵其遗训谢绝一切丧礼。文林两仕温州，以廉洁自守，体恤黎民，其在德、行及事功上之表现，实为时人之表率。

---

* 出自明・文林《永嘉县斋写怀》。

修陡废埭通河网

文林在温州期间，高度重视兴修水利工程。当时镇海门外有堰头，岁久废坏，唯存两股，潮入内河，涸则为浦，地成斥卤，不堪稼穑。成化十三年（1477 年），时任永嘉知县文林组织修筑外沙陡门，“砻巨石修筑，布桥立闸”，遂废福昌（在府城镇海门外旧水寨侧）、黄湖（在大南门外飞霞洞前）二埭，以通花柳塘，使温州水运交通动脉南塘河排泄更迅速，“民甚利之”。

弘治十一年（1498 年），时任温州知府文林大规模浚治了海坛陡门。海坛陡门，在奉恩门、望江门东的水门北侧，为城中蓄泄之要，总进出水口。温州古城南面通过永宁、瑞安两个水门与城外水系连通，北面通过奉恩门水门（海坛陡门）连通瓯江。往年遇旱时，先填永宁、瑞安二门，以关内水，然后开此闸，引潮入城以益内。遇潦时，则开闸排水，以泄城中秽浊。文林对海坛陡门的修浚，使城内河道畅通，舟船往来如梭。但随着时间的推移，海坛陡门及河道都被埋在了地底。

海坛陡门遗址

2021年至2022年，省市两级文物考古研究所对温州朔门古港开展发掘，发现了古朔门城门、城墙、瓮城以及数座宋元时期码头、沉船等，海坛陡门得以重新展现在世人面前。温州朔门古港遗址也成功入选“2022年度全国十大考古新发现”。

清廉善治孺子牛

文林先后两仕温州，任内“击豪右、恤贫困、兴学校、举乡约、毁淫祠、疏通水利、平抑时价、减轻赋役”，有较多政绩。他处理温州积案，平反冤狱，囹圄为之一空，每审堂听讼，他秉持公开原则，准许民众旁观，以剖决神异被民众口耳相传，传为佳话。他针对时弊，上疏《圣政十事》。还先后修建了县学、王右军祠、东瓯王庙、文信国公祠，使温州文风蔚然，代代相传。他关心百姓疾苦，千方百计减轻赋役负担，朝中某宦官欲将温州梨子列为贡品，他毅然决定把梨树全部砍掉，为此不惜得罪上方。他的《永嘉县斋写怀》中有道：“平生跌宕怀，雅志山水适。及此东嘉游，清真信灵域。岂无康乐情，坐有民社责。敛板事承迎，钩稽困文籍。拂意不能归，自愧陶彭泽。”

温州市区华盖山“却金亭”

弘治十二年(1499 年)六月七日，文林因积劳成疾，卒于温州知府任上，年五十五岁。其子著名书画家文徵明挟医前往温州，到时文林已逝三日。文林死后，囊箧内没有一件温州的东西，连双鞋子也是从老家带来的。温州吏民为失去这样一位“父母官”而感到惋惜，自觉凑集了千金为他办丧事。文徵明坚辞不收：“吾父以廉吏称，而吾忍污其死邪？《传》不云乎，父死之谓何，又因以为利。”其遵照父训丧事从简，谢绝一切丧礼，把榇木运回故里。

温州人民为此在华盖山重修“却金亭”，一并前知府何文渊而记其事，并在永嘉县学内及礼贤坊(今兵营巷)等处建文公祠、树德政碑。碑文有：“云鹤去兮不返，琴掩兮无声，江悠悠兮日夜，思夫君兮满城……”以示温州人民对他的缅怀和怀念。

参考文献

[1] 温州市志编纂委员会. 温州市志[M]. 北京：中华书局，1998.
[2] 何伟，何泽. 明代名宦文林温州治绩述略[J]. 温州职业技术学院学报，2021，21(02)：1-4.
[3] 杨昇. 长洲文氏家族文学研究[D]. 苏州：苏州大学，2012.

何子祥：
为治注重教养，以实心行实政。*

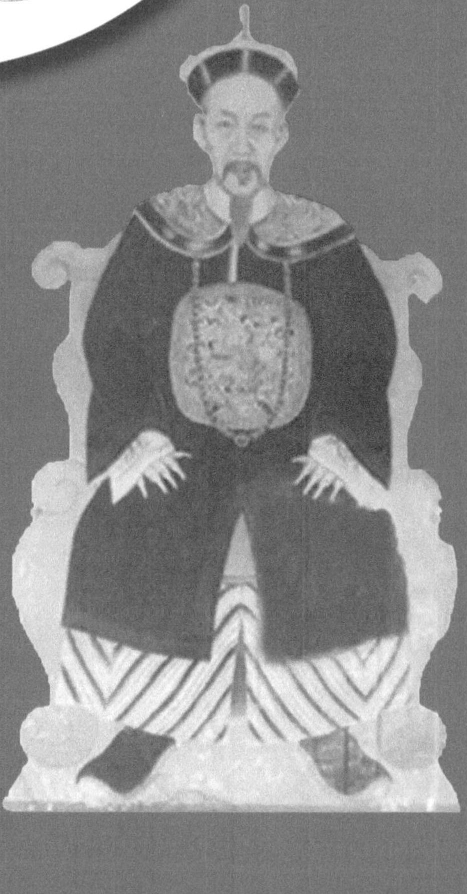

何子祥（1707—1770年），名读，字行，又字象宣，号蓉林，福建云霄马铺石鼓村人。清乾隆三十年（1765年），调任平阳知县，执政期间以民为本，一心奉公，因政绩优异，被加通判衔留任。民国《平阳县志》里评价他“为治注重教养，以实心行实政”。

* 出自民国《平阳县志》。

科学治水保民安

何子祥来平阳做的第一件大事便是对县城昆阳的“升级改造”。乾隆三十年(1765年),何子祥刚莅任平阳,便奉旨重修平阳县城。何子祥做事雷厉风行,为了重修县城城墙,他带头捐俸。第二年,他便着手疏浚县城内外河,作出浚河章程,设簿捐资,富户出资,贫户出力,民地民修,官地公修。其规定河宽八尺至一丈*,河深八尺,成立“民造水利董事会”,清理私占地段,拆除浮屋搭铺,不数月,全城内外河道全部疏浚完工,两岸河堤砌石并植树栽柳。当时在疏浚的淤泥中,清理出了宋代的钱币数百枚,可推算出河道淤积有数百年之久。疏浚之后,鳌江方向来的船只可以直接到达汇头水埠,昆阳城也因这次重修而焕然一新。

县城内外河道疏浚工程完工后,何子祥又于当年的十二月上旬下令动工疏浚坡南河。当时就有人劝他:“岁已暮,请俟来春。”何子祥则担心来年春雨会影响工期,便说:“不可,旱极则潦,天气晴燥久矣!交春雨水,又需岁月也。且众擎易举,城河成效备见,时不可失也。”于是,知县带头,发动群众,富户出钱催募,店肆分界自浚,河面加宽一丈六尺。到了次年正月中旬,便完成自汇头殿至坡南河头的河道疏浚工程,历时仅一个多月。坝开水到,舟通至汇头水埠,两岸群众欢喜若狂。

乾隆三十二年(1767年),平阳阴均陡门排水量小而常常内涝。何子祥首创在南监塘添设“木枧”泄水,加速排除内涝,使江南农田减少受淹时间。此外,何子祥还在南港移址重建南湖陡门,万亩农田受益。

乾隆三十五年(1770年),何子祥实地踏勘规划,兴建梅溪引水工程。何子祥到梅溪下游东垟亲自勘定地址创建陡门,又在浦岙重筑鹅颈埭,截浦为湖,建5座陡门控制蓄泄,并开凿钱仓河长2公里,引

---

* 1尺约为0.33米,1丈约为3.33米。

坡南河

梅溪入江之水经南雁第一桥至岱头，与通向县城坡南的小南(西)塘河相连接，解决了小南平原的缺水问题，用梅溪入江的水灌溉田园，使这里7万余亩农田获利。

梅溪引水工程竣工后，何子祥又在鳌江平原重修江口陡门，改名为“五福陡门”，疏浚陡门浦，受益农田6.5万亩。据平阳地方文献丛书《蓉林笔钞》记载：“乾隆三十五年(1770年)，(县)令何子祥……重行规复，疏浚积淤，尽起旧陡废石，熬蜃灰杂黄沙周填之，改名为‘五福陡门’，谓闸成五都之福也。”2022年，平阳县一建筑工地在施工时挖出一道石梁，石梁上刻有“何子祥倡修、五福”等字样，距石梁十余米两侧岸边还留有陡门槽等遗迹。

五福陡门（江口陡门遗址）

清诗人张元启《谒蓉林何公祠》诵叹道：“十载昆阳惠政多，渠成郑白起讴歌。虹堤远障回梅浦，雄闸分流出燕窠。自昔耕桑忧旷土，于今斥卤遍嘉禾。如公长吏当时少，俎豆南乡定不磨。”在担任平阳知县的几年时间里，何子祥修城浚河、疏浚坡南、首创南监塘添设“木枧”泄水、兴建梅溪引水工程、修筑江口等陡门，治水覆盖面广，涉及防洪水、排涝水、挡潮水、保供水等各个方面，科学规划，系统治理，技术领先，取得了良好的成效。在清代中叶，这样大规模地建设水利配套工程，实属罕见。之后，当地农民每当收获时，人无不指其所获之数曰：此皆为何公所赐也！

勤廉治县泽民生

何子祥为官廉洁奉公、重教兴农、体恤民情，为大众所称颂。

乾隆二十五年（1760 年），何子祥选授浙江浦江县令。乾隆二十七年（1762 年），逢皇太后七旬大寿时“恩赐天下老人”，一些小官吏仿照往常做法要多造名册冒领，当场受到他的严厉斥责，遂深为士庶赞颂。乾隆二十九年(1764 年)，他兼署义乌，捐金倡建“绣湖书院”。何子祥为官清正，过去浦江逢年过节或县令生辰，富户绅衿竞相送礼致贺，但他却婉言辞退，并撰文《却年节生日送礼示》，悬挂厅堂作为警示，从此杜绝沿袭已久的不良风气。他调离浦江时，阖邑士民扶老携幼沿途相送，就连受过他杖责的恶少，也相率到义乌交界处长跪送行。

乾隆三十年(1765 年)，何子祥调任平阳县令，三年任满后被加通判衔留任。他关心教育事业，召集乡绅创建“龙湖书院”，捐金重建文庙“明伦堂”，整修“平阳学馆”，对境内乡间逢源、崇正、南和、第一山房等书院，以及文昌阁、观澜阁等社学加以修缮。何子祥在重修县城昆阳城墙期间，发现距城稍远的南港没有学校，即亲自与县丞萧垛前往相视地形，创建“南和书院”；乾隆三十二年(1767 年)，拨西隐寺田 83 亩充入南和书院，易名“吾南书院”，延师训诲诸生。

何子祥在平阳为官期间，秉承儒家民本思想，始终关心百姓疾苦，有着一颗爱民之心。平阳西塘一带，旧时有黄浦埭，横截横阳支江之水，以备旱潦蓄泄之用，但已废弃了 200 多年，大大影响了当地农民的生产劳作。百姓想要重新筑埭，却迫于多方面的阻力，迟迟无法落地。当时正值乾隆皇帝巡视江南，平阳的一位武生李商铭挺身而出、为民请命，拟就《水利策》赶赴杭州北新关候驾。杭州府尹却认为他“可疑”，就将他予以拘禁，后又革去其武生资格，遣返原籍。当时的何子祥还在浦江知县任内，被委派为随驾办事，也在杭州，听闻了李商铭之事，只可惜无权干预。调任平阳后，何子祥马上以知县名义出钱为李商铭疏通关系，经过许多周折终于为其平反，并官以从九品衔。

平阳括山将军岭数千户农民因气候原因，每年只能种单季水稻。口粮不足、青黄不接之时，这里的农民就要去岭外买米。当时，平阳粮禁甚严，农民回来时，常被岭脚兵差私自扣阻抄没，以谋取私利。何子祥察访民情后，便发布《米准流行示》，提出彼此通融的济民善政，按律革除了粮禁旧习，岭内农民赖以为安。

平阳的江口渡，是鳌江入海口处，南北交通要道，水流湍急，经常发生小船翻入江中溺死乘客事件。百姓朝出暮归，都要经过这里，只能冒险渡江。何子祥下令建造四艘大船，分别停泊两岸，轮流载客，并且杜绝小船私渡；在南北渡口建造凉亭，让行人歇息，并立下规章制度。在平阳另外一个重要渡口萧江渡，何子祥亦下令设置两只渡船，设定制度，以保证渡江人员的安全。

何子祥著述甚丰，晚年自集《蓉林笔钞》四卷，他的座师、翰林院修撰韩彦在序中说他“居官实政，刚决有为”。这本传世的《蓉林笔钞》翔实记叙民俗风情和仕途业绩，为研究康乾时期的吏治风貌提供宝贵的第一手资料。

乾隆三十五年(1770 年)，何子祥病逝于浙江平阳任上，平阳、浦江百姓为之痛哭，争相吊祭并立庙崇祀。清中叶平阳著名学者叶嘉榆在《何公祠堂记》中载：“公以勤劳卒于官，祠之建在公殁后月余，其灵輀返闽，道经斯地，乡之人留公柩于庭，经宿乃去；又访公之诞辰以为祭期，则公之于平不谓无心，而吾乡之人所以报公者亦不为无心也。吾恐历久势迁，使人莫考其所由，因亟为书之，使知此祠之建实出于人心之不容已者如此。”

南监造木枧记

清・何子祥

江之南八大都，田土平衍而膏腴，水道周通便灌溉，名百万仓。然其地颇窳，其水源所发，一自大小荪湖，一自将军岭，一自狮子山；约五十余里，支分派别，控带翼引，而以阴均陡门为尾闾入海。陡右倚山为固，左则于涂涨筑埭，迤逦达南监场。父老每以陡少水多，当雨水连绵，汪洋似海，屋闾宛在水中央；晴五六日，水始渐消而露田塍。绅庶每议于陡门之左另设一陡，以分杀水势，估计非千余金不能，金则照亩科派。予谓：金犹其后耳。阴均所以固者，下透山石故也；若埭则跨在泥泞，软无底止。有如拆埭造陡，陡不成而埭削，潮汐冲入，则八都之人不鱼鳖乎？顾予忝平三年，雨水调匀，罕逢泛滥，心犹未然其说。即年涝甚，四月中旬往金乡公干，路没，坐小艇，纵横四至，不由河道，一望果如所言，犹幸秧未尽插也，如稻熟时无及矣。急商其地绅庶，示以木枧之法。其式用合抱大松木，锯开，槽其中而仍合之，首尾用铁箍箍之，外凿一眼，长如宽数，就眼作板以入槽，板有把，视水为关放；枧安埭中，露其首尾，其势斜而实以灰土，仍捣令固，则埭藉松益坚，而枧之出水如建瓴，十枧当一陡，价省工廉。且令于十一都等处悉依此式，则到处可以消水，而阴均水势减半；水少则同陡门悉闭，水旱两无所虞，而八都之窳不患矣。绅庶共以为便，而千余金之费以省。或云前各都原有石湫，即小陡门今皆坍，不如枧之简而易修，况毋容修。公余偶为记之，以见凡事难以胶柱而鼓瑟，惟其时其地之宜而已。乾隆岁次丁亥蒲月日记。

参考文献

[1]〔清〕何子祥. 蓉林笔钞[M]. 郑州：中州古籍出版社，2013.

[2] 何惠华. 清代漳州乡贤何子祥的生平和著述[J]. 温州大学学报（社会科学版），2015，28(05)：80-84.

[3] 王理孚，刘绍宽. 平阳县志[M]. 1926.

[4] 苍南县水利志编纂委员会. 苍南县水利志[M]. 北京：中华书局，1999.

童兆蓉：
彼法不当死，我不能杀人以媚人。*

童兆蓉（1838—1905 年），字拙修，号劭甫（少芙），湖南宁乡人，同治六年（1867 年）举人，从军陕西。清光绪二十七年（1901 年）春，童兆蓉出任温处道道台，任内在清积案安秩序、开新学兴教育，修筑堤塘、赈灾救民、鼓励工商等方面均有所作为。1905 年夏，童兆蓉在任上去世，存《童温处公遗书》六卷。

---

* 出自清·孙诒让撰神道碑。

一线指挥修堤塘

清光绪二十七年(1901 年)农历六月十八日,温州遭受台风袭击,风狂雨骤,骇浪滔天,潮水冲决了灵昆岛防洪堤坝,淹没了海思村和新塘段,田园被毁,屋宇飘零,20 余人溺毙,七天七夜无灶烟,各家饥寒交迫。

台风后,温州道台童兆蓉接到当地乡绅李兆西、郑嘉周等人的灾情报告,亲临海思视察灾情,积极发动赈灾,率先捐出 1 000 银元,并筹到一批粮食解急。同时,他组织开渠疏导,召集流亡,按户发给种子,恢复生产。

随后,童兆蓉拨款筑堤。为确保工程质量和进度,童兆蓉租住海思码道西陈家门台屋坐镇指挥,修复堤塘。历时 7 个多月,1 000 多米长的堤坝于次年农历正月初一竣工。

海思马道

光绪三十年(1904 年),灵昆人感念童道台之功绩,在乡绅李兆西、郑嘉周等人牵头筹银下建造了“童公亭”,亭内塑童公像,亭旁立“深恩碑”,记载童道台事迹。第二年(1905 年)农历七月十六日,传来童兆蓉逝世的消息,灵昆人自发组织在童公亭进行悼念追思。

童公亭历经 90 年沧桑,在 1994 年 17 号台风期间被损毁。现重建的童公亭依然在海思村,另外政府出资建“童公景园”(今海思公园），将童公纪念碑迁入园中，园内还有一座童公桥，形成亭台楼阁桥廊馆等人文、历史、景观为一体的文化公园。

童公亭资料照片

纪恩亭和深恩碑

海思亭

勤廉忠勇开新政

童兆蓉就任温处道道台后，立即着手处理积案，通过政策赦免、遴员帮审、分类惩治、勒限完结等方式，花费两个多月时间处理了上百起积案。同时，他为被判入狱的案犯设置“工艺局”，由官府出资，让心灵手巧的犯人学习机织等细巧手艺；其余犯人做些打草鞋、草席，搓棕绳等活，劳动所得一半供犯人饮食用度，一半登记留存。这一举措行之数年，感化不少犯人，出狱后凭手艺吃饭，从而走上正道。

晚清时期，温州民、教矛盾时发。当时法国天主教会为建教堂，强索瑞安县民杨茂奶捐地不遂，竟要求地方官拿办。童兆蓉据约驳斥，但法国神甫赵保禄坚持要拿问，甚至派出兵船驶到温州加以恫吓。童兆蓉很生气地说：“彼法不当死，我不能杀人以媚人。”在童兆蓉的主持下，1903 年该事件终得平息。

在温执政 5 年，童兆蓉有序推行“新政”。不仅“兴教育、开新

童兆蓉和法国赵保禄等相关人员合影

风”，将中山书院改为中学堂，选拔优秀学子赴日留学，而且“辟利源、励工商”，执行奖励工商实业制度，推动温州近代工业发展。

1902 年 7 月，童兆蓉与知府王琛等人商议温州教育变革，并率先捐出 400 元大洋，将郡城里的中山书院改设为温州中学堂，推孙诒让为总理。“温州中学堂”后更改为“浙江省立第十中学”等名，是如今“浙江省温州中学”的前身。童兆蓉等人另在温州城区、瑞安、乐清、平阳等地增设小蒙学堂多处；还从上海募捐、购买大批小学课本供学生使用。

为培养新式教师，童兆蓉积极鼓励本地学子出洋留学。当时一个人的留学费用约 300 元大洋，童兆蓉为每生准备 100 元大洋留学津贴，余下的 200 元大洋由该县提供或学生自筹。该批 22 名留学生在日本学习师范、实业两科，毕业后回温在各县学堂任教职。

为开发温处一带，童兆蓉在前任购采桑树的基础上，继续兴办蚕桑。他发布《温署兴办蚕桑谕》，对湖州桑苗运到温州做了成本核算，并采取半捐半卖的方式，让各家领种。为不浪费成本，也为桑树能成活收到效益，童兆蓉对种植的土地、各户领种的数量都作了限制。此

1906 年温州中学堂第一次毕业师生合影

外，还成立专门收发树苗的管理机构，每年向外地采购桑秧十余万株，供百姓领种。

当时，温州各种捐税繁多。童兆蓉为此专门上书请求上级部门对此作出调整。他还取消多项民间摊派，以确实减轻百姓负担。由于童兆蓉在温州各方面采取正确的举措，社会矛盾渐趋缓和。在晚清最后十年推行的“新政”里，还包括设置管理工商经济的专门机构——商部，并颁行系列商律和奖励工商实业的制度。在童兆蓉和后任程恩培的主持下，温州顺利推行这些制度并取得显著效果，包括织布业在内的以机器生产为标志的温州近代工业应运而生，在印刷业、日用轻工业、机械业、矿冶业方面都取得了长足的发展和进步。

清史稿·列传二百三十八

童兆蓉，字少英，湖南宁乡人。同治六年举人，从军陕西，积功晋知府。光绪三年，署榆林。岁祲，便宜发仓，复运粟於包头、宁夏，单骑临赈。既而大疫，延榆绥道及榆林令皆遽殁，代者不至。兆蓉一身兼摄三官，比户存问，为具医药，全活甚众。六年，署延榆绥道。属郡荒僻，土僿民贫。为拓学舍，购书劝课，教民树艺畜牧。治榆溪河，开渠溉田，民利之。八年，授兴安知府。汰胥役，禁私钱。总兵余虎恩贩钱为利，获而毁之。税胥索贾人金，榜治几死。民间婚娶苟简，为定礼制，禁淫祀，葺昭忠、节孝祠，以正民志。安康令征粮苛急，民聚而哗，兆蓉往抚谕。总兵及釐局挟前嫌，诬为激变，遂解任。寻得白，署汉中，逾年还本任。川匪扰境，擒斩其渠，贼溃走。调西安，摄督粮道，定征粮改折，上下称便。

二十六年，擢浙江温处道，先署杭嘉湖，明年乃之任。值拳匪乱后，瑞安民杨茂奶与教堂积衅。浙东法国主教赵保禄尤横，挟兵船至温州，必欲杀杨。兆蓉力争曰："彼法不当死，我不能杀人以媚人。"卒拒之，以此名闻。飓风为灾，赈粜并举，民不乏食。三十一年，卒于官。

参考文献

[1] 秦姗. 留美幼童：晚清首批官派留学生[J]. 湖北档案，2010(10)：44-46.
[2] 胡珠生. 温州近代史[M]. 沈阳：辽宁人民出版社，2000.